Karl Daniel, Josef Daniel

Coleopteren-Studien

2. Band

Karl Daniel, Josef Daniel

Coleopteren-Studien
2. Band

ISBN/EAN: 9783744604932

Hergestellt in Europa, USA, Kanada, Australien, Japan

Cover: Foto ©ninafisch / pixelio.de

Weitere Bücher finden Sie auf **www.hansebooks.com**

COLEOPTE...

DR. ...

MÜNCHEN.
...gl. Hof- und Universitäts-Buchdruckerei von Dr. C. WOLF & SOHN.

COLEOPTEREN-STUDIEN.

II.

VON

DR. KARL UND DR. JOSEF DANIEL.

AUSGEGEBEN

AM 28. DEZEMBER 1898.

MÜNCHEN.
Kgl. Hof- und Universitäts-Buchdruckerei von Dr. C. WOLF & SOHN.

Inhalt.

	Pag.
I. Beiträge zur Kenntnis der Gattung *Trechus* Clairv.	1
1. Die Heer'schen Arten	1
2. Neubeschreibungen	10
II. Über zwei neue und einige bekannte, ungeflügelte *Platynus*-Arten	17
III. Analytische Übersicht der palaearktischen *Zuphium*-Arten	24
IV. Das Amaren-Subgenus *Leirides* Putzeys	31
V. *Otiorhynchus*-Studien	35
1. Über *Otiorhynchus costipennis* Rsbr. und seine nächsten Verwandten	35
2. *Otiorhynchus costipennis* auct. *(dacicus nob.)* und *antennatus* Strl.	39
3. Kritische Bemerkungen zu Dr. Stierlins 16. Rotte	41
4. Neubeschreibungen	43
5. Bemerkungen zu bekannten Arten	49
VI. Über eigentümliche Geschlechtsverhältnisse bei den Gattungen *Tropiphorus* Schnh. und *Barynotus* Grm.	54
VII. Zwanzig neue Arten aus dem palaearktischen Faunengebiete	61
VIII. Kleinere Mitteilungen	83

I.

Beiträge zur Kenntnis der Gattung *Trechus* Clairville.

1. Die Heer'schen Arten.

Wenn wir *Trechus castanopterus* *) ausschliessen, so haben wir in den übrigen, von Heer in seinen Faunenwerken beschriebenen Arten, *T. assimilis, glacialis, profundestriatus, macrocephalus, Pertyi* und *laevipennis,* eine homogene Gruppe vor uns, deren Glieder, wie schon aus den Originalbeschreibungen hervorgeht, unter sich grosse Verwandtschaft zeigen. Zur Entscheidung über den Wert der von Heer angegebenen Trennungsmerkmale ist bis jetzt noch kein ernster Versuch zu verzeichnen. Die „Question des Trechus de Suisse", wie Putzeys das zu lösende Problem nennt, konnte offenbar erst dann mit Aussicht auf Erfolg in Angriff genommen werden, wenn die zur Bearbeitung ähnlich schwieriger Stoffe unerlässlichen Hilfsmittel, reichliches, gut erhaltenes Material mit verlässigen Provenienzangaben und einwandfreie Typen zur Verfügung standen. Was die letzteren betrifft, so sind wir durch die Güte des Herrn Custos Dr. Standfuss schon seit mehreren Jahren im Besitz derselben, ohne aus dieser Begünstigung den erwarteten Nutzen ziehen zu können. Die Tiere sind mangelhaft präpariert, z. T. Rudimente, ausserdem nur in 1—3 Exemplaren vorhanden, es fehlen also so ziemlich alle Voraussetzungen zur Bildung eines abgeschlossenen Urteils. Es handelte sich daher zunächst hauptsächlich um die Beschaffung frischen Untersuchungsmaterials, dessen Bearbeitung die Anhaltspunkte zur Bestimmung der Variabilität und damit gleichzeitig den Schlüssel zur kritischen Beurteilung der Typen und Originalbeschreibungen liefern sollte.

---

*) *Trechus castanopterus* Heer = *obtusus* Erichs. Die zwei Stücke des Züricher Museums stimmen vollständig mit ächten *obtusus*, die wir auf dem Klausenpass (Kanton Uri-Glarus) sammelten, überein. Heer gibt als Fundort Matt (Kanton Glarus) und Andermatt im Urserenthal an.

Sowohl die Benützung der Wiener Musealsammlung, die wir dem oft bewährten Entgegenkommen des Herrn Custos Ganglbaner verdanken, als auch das Ergebnis dreier Sammelreisen nach Heer'schen Originalfundplätzen, setzten uns in den Stand, bezüglich *Trechus Pertyi*, *lacripennis* und *glacialis* volle Sicherheit zu gewinnen, über *profundestriatus* und *macrocephalus* geben die Originalexemplare genügend Aufschluss, so dass nur mehr *assimilis* zu präzisiren wäre, doch glauben wir, dass unsere bezüglich dieser Art unten ausgesprochene Ansicht ihre Bestätigung finden dürfte.

Alle hier in Betracht kommenden Arten Heer's lassen sich auf zwei schärfer charakterisirbare Spezies zurückführen, die sich in vielen Fällen schon durch die Färbung erkennen lassen, eine zierlicher gebaute, normal hell gefärbte, der Central- und Südschweiz angehörende Spezies = *Pertyi* mit zahlreichen Abarten und eine durchwegs dunklere, pechschwarze, in kräftigeren Formen auftretende, der Ostschweiz eigentümliche Art mit hellen Beinen, Epipleuren und Fühlern, in der wir aus später zu erörternden Gründen den ächten *Trechus glacialis* Heer erkennen. Zur exakteren Trennung müssen die Verschiedenheiten in der Form des Halsschildes herangezogen werden. Unterschiede in der Länge der Schläfen, wie sie von Pandellé*) angegeben werden, finden wir nicht zutreffend.

Trechus Pertyi Heer.

Die Gestalt des Halsschilds ist entweder ausgesprochen herzförmig oder bei zunehmender Breite immer noch dadurch gekennzeichnet, dass das Breitenmaximum vor der Mitte liegt. Die Verengung nach rückwärts ist in den meisten Fällen ziemlich beträchtlich, teils geradlinig, teils leicht aber ziemlich breit ausgeschweift.

Als typisch betrachten wir die Stücke von der Gemmi mit geradlinig bis zur Basis verengtem, wenig gewölbtem Halsschild, ziemlich breit abgesetztem Seitenrand desselben und etwas flach gedrückten, ziemlich tief gestreiften Flügeldecken. Die beiden Heer'schen Originalstücke zeigen diese Merkmale besonders ausgeprägt. Zur Vergleichung lag uns ferner eine grössere Anzahl Stücke von der Gemmi vor, alle direkt oder indirekt von Pfarrer Rätzer stammend, ausserdem zwei Stücke vom Glacier de Dala und sechs Exemplare von der Trübseealpe, unter letzteren bereits drei Stücke einer im Gadmenthal und auf dem Sustenpass vor-

---

*) Grenier, Matériaux pour servir à la Faune des Coléopt. de France 1867.

herrschenden Form mit seitlich stärker gerundetem, konvexerem, vor den Hinterwinkeln deutlich breit ausgeschweiften Halsschild; der Seitenrand ist schmäler abgesetzt und die Flügeldecken sind etwas gewölbter und weniger stark gestreift. Hieher auch vier Exemplare von der Melchseealpe in Unterwalden (Stöcklin 91) und drei Stücke vom Pilatus (Wiener Hofmuseum).

Nach Heer auf der Gemmi beim Taubensee, Righi, Val Emmet, Flössalpe in Bündten. Eine var. „*paulo minor, pronoto basi minus profunde impresso*" zwischen Alp Scaradra und Sureden 8700′ s. m. Die Graubündtner Fundstellen dürften sich auf eine der unten beschriebenen Formen beziehen. Nach unserer bisherigen Erfahrung scheint der typische *Pertyi* fast ausschliesslich westlich des Gotthards und der Reuss vorzukommen.

Abänderungen der variablen Art:

Eine zierliche, schlanke Zwergform von der Grösse des *Trechus limacodes* Dej. ($2^{1}/_{2}$ mm) sammelten wir auf dem Monte Grigna in den Bergamasker Alpen, Dr. Flach auf dem Monte Generoso. (*var. pygmaeus nob.*)

Etwas gestrecktere Stücke mit kürzerem, nach rückwärts weniger stark verengtem Halsschild und schmäler abgesetztem Seitenrand desselben (*var. laevipennis Heer**) fanden wir auf dem Klausenpass (Kanton Uri-Glarus); dort auch die Stammform und Uebergänge zu derselben, umgekehrt kommt die Varietät auch auf dem Sustenpass vor, doch mehr vereinzelt. Nach Heer auf dem Klausenpass, Berglimatt, Tschingel, auf den Gletscherinseln am Kärpfstock, Faulhorn. Mit Ausnahme des letzteren alle Fundorte östlich der Reuss.

Verhältnismässig schärfer zu trennen ist eine von uns auf der Zapportalpe im Quellgebiet des Hinterrheins und auf dem Splügen gesammelte, uns auch in Anzahl vom Bernardino (Stöcklin 92: Wiener Hofmuseum) vorliegende, sich an *laevipennis* anschliessende Abart, die hauptsächlich durch noch breiteres und weniger gewölbtes Halsschild, flachen, abgesetzten Seitenrand desselben und deutlich abstehende, nicht an den Hals angezogene Vorderwinkel ausgezeichnet ist. Die grösste Breite des Halsschilds liegt ungefähr im vorderen Viertel, die Verengung nach rückwärts ist weniger stark, die Seiten vor den Hinterwinkeln seicht aber breit ausgeschweift. Die Taster sind einfarbig hell, bei *laevipennis*

---

*) Schaum's und Pandellés *Trechus laevipennis* Heer ist offenbar, wie auch bereits von Ganglbauer festgestellt wurde = *Hampei* Gglbr. (*angustatus* Hampe).

das vorletzte Glied stets angedunkelt. Die Flügeldecken sind ziemlich breit, mässig gewölbt, die Streifen etwas unregelmässig seicht punktirt, die Naht und die Ränder der Flügeldecken und des Halsschilds heller gefärbt. Die Stücke vom Bernhardin sind durchschnittlich etwas grösser und zeigen alle angeführten Merkmale besonders deutlich. Hierher auch eine von uns in den Bergamasker Alpen (Pizzo dei Tre Signori, M. Legnone) gesammelte Form, die sich im wesentlichen den aus dem Hinterrheingebiet stammenden Stücken anschliesst, aber die bei letzteren ziemlich auffallende Konstanz in der Halsschildform vermissen lässt, so dass wir von unserer ursprünglichen Absicht, die Graubündtner Form spezifisch von *Pertyi* zu trennen, abgekommen sind. Der Bergamasker Trechus ist aber = *longobardus* Putz. (ex typo!), weshalb dieser Name auch auf die südschweizer Form übertragen werden muss.

Auffallend flach gedrückte, sehr kräftig und meist vollzählig gestreifte, in den Streifen stark punktirte Stücke mit angedunkelten mittleren Fühlergliedern (*var. insubricus nob.*) brachten wir aus dem Val Arigna am Nordabhang der Veltliner Alpen. Die Naht und die Seitenränder der Flügeldecken und des Halsschildes sind wie bei *longobardus* heller, die Breite des Thorax variiert ähnlich wie bei den Bergamasker Stücken der vorhergehend beschriebenen Rasse.

Hierher ziehen wir noch zwei Formen aus den Ostalpen, die eine mehr flachgedrückt, der *var. insubricus* ähnlich, das Halsschild ist indes gegen die Basis stärker zusammengezogen und an den Seiten viel mehr gerundet, die Flügeldecken durchschnittlich etwas breiter, schwächer und besonders gegen den Seitenrand und die Spitze undeutlich gestreift, die Streifen weniger kräftig punktirt (*var. pseudopiceus nob.*). Die andere, mehr an *var. longobardus* Putz. erinnernde Abart (*var. longulus nob.*) unterscheidet sich von diesem durch schmälere, mehr parallelseitige Flügeldecken und stärker entwickelten Vorderkörper, die Ursache der nicht unbeträchtlichen habituellen Verschiedenheit. Beide Formen erhielten wir zahlreich als *Trechus piceus* Putz., seltener als *Tr. elegans* Putz., welch' letzterer sich durch gedrungenere Gestalt, verdickte Schenkel des ♂, kürzere Schläfen und besonders auch dadurch leicht unterscheidet, dass die Frontalfurchen ungefähr auf der Höhe des Augenhinterrandes ziemlich unvermittelt nach aussen umbiegen, während sie bei *pseudopiceus* und *longulus* mehr konzentrisch mit dem Augenrand verlaufen. *Trechus piceus* Putz. gehört der folgenden Art an. Wir kennen *var. pseudopiceus* aus den Karawanken (von der Petzen, aus den Steiner Alpen [Grintovč]), überall in Gesellschaft des *Trechus elegans* Putz. Am typischsten sind die Stücke aus den Steiner Alpen, auf der Petzen Uebergänge zu *var. longulus* und auch diese Form selbst. *Var. longulus* mit mehr östlicher Verbreitung liegt uns in typischen Stücken vom Triglav (Ganglbauer, Strasser), dann aus den julischen Alpen (M. Canin, Wischberg, Mangart [Pinker]) vor, ferner sammelten wir denselben auf dem Col Santo bei Rovereto.

Trechus Schaumi Pandellé wurde nach fünf als *Pertyi* Heer bezeichneten, vom Splügen und Rosenlaui-Gletscher stammenden Stücken beschrieben, wobei der Autor bemerkt, dass der Name *Pertyi* auf verschiedene Arten angewendet wird. Wir vermuten, dass Pandellé, um dieser vermeintlichen Unsicherheit ein Ende zu machen, seine Art beschrieb, ohne den ächten Tr. Pertyi erkannt zu haben, bezüglich dessen er sich auch auf Schaum's Auffassung stützt, nach welcher *Pertyi* Heer eine hell gefärbte Form des *laevipennis* Schaum nec Heer = *Hampei* Gglbr. ist. Zwei als *Schaumi* erhaltene Individuen unserer Sammlung (La Forclaz, Wallis) sind von ächten *Pertyi* nicht zu trennen. Auf der Passhöhe des Splügen fanden wir nur *Pertyi var. longobardus*. Da ferner aller Wahrscheinlichkeit nach am Rosenlaui-Gletscher bei der geringen Entfernung des Sustenpasses nur *Tr. Pertyi* oder dessen *var. laevipennis* sich finden dürfte, kann auch in Zukunft unbedenklich an der bisher gebräuchlichen Auffassung (*Trechus Schaumi* Pand. = *Tr. Pertyi* Heer) festgehalten werden.

Trechus glacialis Heer.

Das Halsschild ist kurz, gegen die Basis nur schwach zusammengezogen, normal mehr oder weniger leicht quer, seitlich gleichmässig ziemlich stark gerundet, ungefähr in oder wenig vor der Mitte am breitesten, unmittelbar vor den Hinterwinkeln kurz ausgeschweift oder fast winkelig ausgeschnitten, so dass die Hinterwinkel selbst meist als spitze Zähnchen vortreten. Dieser Art eigentümlich ist die Neigung zur seitlichen Abschrägung der Halsschildbasis, womit in einzelnen Fällen noch eine Formveränderung in dem Sinne verbunden ist, dass das Breitenmaximum mehr nach vorn rückt. Gleichzeitig geht damit auch die transversale Gestalt des Thorax verloren, die Verengung nach rückwärts ist mehr geradlinig und die Hinterwinkel sind dann besonders deutlich zähnchenartig abgesetzt. Der Seitenrand ist stets schmal leistenartig.

Da die im Züricher Museum befindlichen zwei Heer'schen Originalstücke unter sich ziemlich abweichen und zur endgiltigen Feststellung der Art doch grösseres Material unentbehrlich war, besuchten wir im Sommer 91, 95 und 96 die nahe dem Glarner Dörfchen Matt, dem Geburtsorte Heer's, gelegene Mühlebachalpe, einen der Hauptsammelplätze desselben und auch von ihm an erster Stelle unter den Fundorten des *Trechus glacialis* erwähnt. Das von diesen Exkursionen eingebrachte Trechus-Material gehörte nur einer einzigen Art an, so dass, da auch Heer von der Mühlebachalpe nur *glacialis* erwähnt, schon dieser Umstand dafür bürgte, dass es sich nur um die gesuchte Art handeln könne. Zudem stimmt das eine der Heer'schen Originalexemplare sehr gut mit den gesammelten Stücken überein, auf die sich überdies die Angaben der ausführlichen Beschreibung zwanglos beziehen lassen. Die weitere vergleichende Bearbeitung des Materials ergab, dass wir in *Trechus glacialis* Heer eine weit verbreitete, in den meisten Sammlungen vertretene Art vor uns haben. Wir sammelten mit den Glarner vollkommen übereinstimmende Stücke auf dem Hafelekar bei Innsbruck, auf der „Roten Wand" in den bayerischen Alpen und auf dem Panixer Pass, (Kanton Glarus-Graubünden). Ausserdem lagen uns zahlreiche Exemplare aus dem Salzkammergut (Grimming, Pinker), vom „Steinernen Meer" in den Salzburger Alpen (R. Starke 91) und aus den Allgäuer Alpen (Höfat-Spitze, Strasser) vor.

Heer erwähnt neben der Mühlebachalpe noch den Panixer-Pass, die Gletscherinseln um den Kärpf und den Pilatus (auf dem Esel). Wir kennen von letzterem nur *Trechus Pertyi*.

Der typische *Tr. glacialis* nähert sich am meisten dem *Tr. Pertyi v. laevipennis* vom Klausenpass, unterscheidet sich aber von demselben neben den bereits erwähnten Differenzen in der Halsschildform durch etwas bedeutendere Grösse ($3^1/_4$—$3^3/_4$ mm geg. 3—$3^1/_2$), plumpere Gestalt und pechschwarze Färbung mit angedunkelten Fühlern und Beinen. *Tr. var. longobardus* besitzt viel breiter abgesetzten Seitenrand des Halsschildes, *var. insubricus* und *pseudopiceus* sind flachgedrückt und viel tiefer gestreift-punktirt. Bei letzterem treten Individuen auf, welche bezüglich der Halsschildform dem typischen *glacialis* nahe kommen, die Seiten sind dann entsprechend stärker gerundet und eine kurze, tiefere Ausschweifung vor den Hinterwinkeln lässt diese als mehr oder weniger ausgeprägte Zähnchen vortreten. Auch ist der Seitenrand dann ebenso schmal abgesetzt wie bei *glacialis*. Wenn auch die sonstigen Merkmale, namentlich die helle Färbung, depresse Gestalt, die kräftige Streifung und Punktirung der Flügeldecken über die Zugehörigkeit solcher Stücke zu *Pertyi* keinen Zweifel lassen und die Verengung des Thorax gegen die Basis immerhin merklich beträchtlicher ist, als beim typischen *glacialis*, so wird doch der von uns bis jetzt als allein zur Artentrennung für geeignet befundene Unterschied in der Halsschildform in seinem Werte verringert. Auf Grund solcher vereinzelter Ausnahmefälle *Trechus Pertyi* und *glacialis* als Formen einer Art zu vereinigen, halten wir indes nicht für geboten.

Trechus assimilis Heer, von dem wir nur das eine Exemplar der Heer'schen Sammlung kennen, scheint zu *glacialis* zu gehören, auch enthält die Beschreibung kaum nennenswerte Unterschiede, doch ist es immerhin auffallend, dass die sonst ausschliesslich hochalpin lebende Art auch im hügeligen Gelände sich finden sollte (nach Heer bei Dübendorf, Lägern, Bern). Die definitive Feststellung der Identität würde die Aenderung der Nomenklatur zu Gunsten des *Tr. assimilis* erfordern, da die Beschreibung desselben in den „Käfern der Schweiz" jener des *Tr. glacialis* vorangeht, doch schlagen wir vor, bis zur Hebung aller Zweifel die von uns angenommene Anordnung (pag. 9) beizubehalten.

Trechus macrocephalus Heer = *glacialis* Heer *(ex typis!)* die drei Originalstücke lassen über die Identität mit *glacialis* keinen Zweifel, übrigens sind die von Heer angegebenen Unterschiede so geringfügig und innerhalb der sehr weit zu ziehenden Variabilitätsgrenzen liegend, dass die Vereinigung nicht überraschen kann. Das Verbreitungsgebiet des *Tr. glacialis* wird durch Einziehung des *macrocephalus* auf die rhätischen Alpen (Urschein, Flössalpe) ausgedehnt.

Trechus patruelis Putz. und *piceus* Putz. sind nach Vergleich der beiden Originalstücke in Schaums Sammlung, von Herrn Dr. Kraatz freundlichst mitgeteilt, unter sich nicht zu trennen und sicher = *glacialis* Heer. Die beiden Putzey's'schen Arten sind nach Kärthner Exemplaren beschrieben. Da *glacialis* für das Salzkammergut (Dachstein, Grimming) bereits nachgewiesen ist, so kann dessen Vorkommen im angrenzenden Kärnthen nicht auffallen.

Trechus Heeri Tournier. Die drei im Züricher Museum befindlichen Tournier'schen Stücke sind echte *glacialis*. In der Beschreibung wird der kleinen, spitz nach aussen vorspringenden Hinterecken des Thorax, nach obigen Angaben für *glacialis* charakteristisch, Erwähnung gethan. Auch in der Zeichnung ist dieses Merkmal gut hervorgehoben.

Was Tournier's Abbildung betrifft, so ist auch hier die im Text vollständig ignorirte, deutlich erkenbare, seitliche Abschrägung der Halsschildbasis sehr wenig markirt. Zu derartigen, auch an den andern Figuren zu beobachtenden Ungenauigkeiten kommt noch der missliche Umstand, dass Tournier von denjenigen Arten, die in zwei bis drei Exemplaren vorhanden sind, nur eines herausgriff, bei *glacialis* z. B. gerade das weniger typische Stück.*) Ein weiterer Uebelstand liegt in dem unpraktischen Verfahren, nur eine Körperhälfte abzubilden, wodurch die Längsdimensionen voll, die Breitendimensionen aber nur halbirt zur Anschauung gelangen, so dass es nur dem mit dem nötigen geometrischen Vorstellungsvermögen Begabten gelingt, sich das wirkliche Bild zu konstruiren, wenn er nicht vorzieht, die fehlende Hälfte graphisch zu ergänzen. Die ohnehin oft nur sehr geringen Unterschiede in den Proportionen kommen bei diesem Verfahren nur noch weniger zur Geltung. Da die Tournier'schen Zeichnungen ungenau und ohne Berücksichtigung der sehr beträchtlichen Veränderlichkeit des abzubildenden Materials entworfen sind, ist denselben nur ein geringer Wert beizulegen.

Trechus profundestriatus Heer. Das einzige Stück, nach dem Heer die Beschreibung entwarf, ist noch in gutem Zustande erhalten und zeigt neben den vom Autor betonten, nach unserer Meinung individuellen Eigentümlichkeiten in der Skulptur sehr ausgeprägt die Merkmale der oben gekennzeichneten Abweichung in der Form des Thorax (seitlich stark abgeschrägte Basis, scharf abgesetzte Hinterwinkel, mehr nach vorn gerücktes Breitenmaximum und schwächere Rundung der Seiten). Hierher auch einige als *Simonyi* Gglbr. bezeichnete Exemplare mit normaler Skulptur vom „Steinernen Meer" in den Salzburger Alpen. Heer's Originalstück stammt vom Panixer-Pass an der Glarner-Graubündner Grenze. Wir fanden unterhalb der Passhöhe nur *glacialis*, der auch von Heer als dort vorkommend aufgeführt wird. Auf dem Uebergang selbst zu sammeln, wurden wir durch eintretendes Schneegestöber verhindert.

Bei den von uns als typisch betrachteten *Trechus glacialis* von der Mühlebachalpe ist der Thorax normal seitlich an der Basis nur sehr schwach, oft kaum merklich abgeschrägt, hingegen finden sich darunter nicht selten Stücke, die als deutliche Uebergänge zu *profundestriatus* betrachtet werden können, doch bleibt immer noch die leicht transversale Gestalt des Halsschildes mit der stärkeren seitlichen Rundung erhalten. Es dürfte sich empfehlen, Heer's Diagnose des *Tr. profundestriatus* durch die Forderung aller von uns oben angegebenen Abweichungen zu erweitern, also nur die extremen und die solchen nahekommenden Formen unter diesem Namen zusammenzufassen. Dieselbe Erwägung bestimmt uns auch, *Tr. Heeri* Tourn. trotz deutlich abgeschrägter Halsschildbasis mit *glacialis* zu vereinigen.

Trechus Simonyi Gglbr. Durch sorgfältige Vergleichung des reichlichen, uns vorgelegenen typischen Materials aus dem Salzkammergut und den Salzburger Alpen kamen wir zu der Ueberzeugung, dass die Trennung des *Tr. Simonyi* von *glacialis* nicht durch-

---

*) Die zur Abbildung ausgewählten Exemplare tragen den Vermerk: „*vérifié et déssiné pour Putzeys.*"

führbar ist. Genau wie bei den schweizerischen Stücken lassen sich alle Formen vom typischen *glacialis* mit kaum abgeschrägter Halsschildbasis bis zur extremsten Abweichung *(var. profundestriatus* Heer vom „Steinernen Meer", R. S t a r k e 91) konstatiren.

Synonymie.

Pertyi Heer, Die Käfer der Schweiz, 1837, II. p. 49,
    I. p. 74 . . . . *Helv. c. m. et occ.*
  Heer, Fauna Coleopterorum Helvetica 1841,
    p. 122.
  Putzeys, Trechorum Europaeorum Conspectus,
    Stett. ent. Ztg. 1847, p. 315.
  Putzeys, Trechorum oculatorum Monographia,
    Stett. ent. Ztg. 1870, p. 37, tab. I. Fig. 5
Schaumi Pand., Étude monographique sur le genre
    Trechus, Grenier Mat. Col. Fr. 1867, p. 141 *Helv. m.*
v. *pygmaeus* Dan., Coleopteren-Studien II. p. 3 . *Lombardia.*
v. *laevipennis* Heer, Käf. Schw., 1837, II. p. 49,
    I. p. 74 . . . . *Helv. c. or.*
  Heer, Faun. Col. Helv. 1841, p. 122.
  Putzeys, Trech. Europ. Consp., l. c. p. 315.
    „   Trech. ocul. Monogr., l. c. p. 37, tab. I,
    Fig. 6,
v. *longobardus* Putz., Trech. ocul. Monogr., l. c.
    p. 158 . . . . *Lomb., Helv. m.*
v. *insubricus* Dan., Col. Stud. II. p. 4 . . . . *Lombardia.*
v. *pseudopiceus* Dan., Col. Stud. II. p. 4 . . . *Carinthia.* [*Ti. m.*
v. *longulus* Dan., Col. Stud. II. p. 4 . . . . . *Carinthia, Carnia,*
glacialis Heer, Die Käfer der Schweiz, 1837, II. p. 47, *Helv. or., Alp. bar.,*
    I. p. 74 . . . . *Austr, Ti., Carin-*
  Heer, Fauna Coleopterorum Helvetica, 1841, *thia.*
    p. 121.
  Putzeys, Trechorum Europaeorum Consp., Stett.
    ent. Ztg. 1847, p. 313.
  Putzeys, Trechorum oculatorum Monographia,
    Stett. ent. Ztg. 1870, p. 36, tab. I, Fig. 1.
  Pandellé, Étude monographique sur le genre
    Trechus, Grenier, Mat. Col. Fr. 1867, p. 142.
assimilis Heer, Käf. Schw. 1837, II. p. 47, I. p. 74 *Helv. c. et sept. or.*
  Heer, Faun. Col. Helv. 1841, p. 121.
  Putzeys, Trech. Europ. Consp, l. c. p. 313.
  Putzeys, Trech. ocul. Monogr., l. c. p. 36,
    tab. I. Fig, 2.

macrocephalus Heer, Käf. Schw. 1837, II. p. 48,
l. p. 74 . . . . *Helv. m. or.*
Heer, Faun. Col. Helv. 1841, p. 122.
Putzeys, Trech. Europ. Consp, l. c. p. 313.
Putzeys, Trech. ocul. Monogr., l. c. p. 37,
tab. I, Fig. 4.
patruelis Putz., Trech. Europ. Consp., l. c. p. 310 *Carinthia.*
piceus Putz , Trech. Europ. Consp., l. c. p. 312 *Carinthia.*
Heeri Tourn., Stett. ent. Ztg. 1870, p. 194, tab. I,
Fig. 7 . . . . *Helv. or.*
Simonyi Gglbr. (ex parte), Wien. ent. Ztg. 1891,
p. 121 . . . . - . . *Alp. austr.*
v. profundestriatus Heer, Käf. Schw. 1837, II. p. 48,
l. p. 74 . . . . *Helv. c., Austr.*
Heer, Fn. Col. Helv. 1841, p. 121.
Putzeys, Trech. Europ. Consp., l. c. p. 313.
Putzeys, Trech ocul. Monogr., l. c. p. 37, tab. I,
Fig. 3.
Simonyi Gglbr. (ex parte), Wien. ent. Ztg. 1891,
p. 121 . . . . *Alp. austr.*

Das Ergebnis unserer Untersuchungen beschränkt sich also auf die Bestätigung der bereits von Heer erkannten natürlichen Gruppirung seiner Arten. Da wesentlich neue Gesichtspunkte in die Betrachtung nicht eingeführt werden konnten, so war eine Förderung des zu lösenden Problems nur in sofern zu erwarten, als die Benützung reichlicheren Materials die Abschätzung der für die Artenbildung verwertbaren oder zu eliminirenden Kennzeichen erleichtert und dadurch die Bildung eines abgeschlossenen Urteils näher rückt. Das negative Resultat bei der Aufsuchung neuer, durchgreifender Trennungsmerkmale hat uns auch bestimmt, von der ursprünglich ins Auge gefassten Neubearbeitung aller alpinen Trechen abzusehen, da ohne eine solche Vorbedingung die ebenso dringend wünschenswerte, als offenbar äusserst schwierige Schaffung gut umgrenzter, natürlicher Gruppen nicht erwartet werden kann.

2. Neubeschreibungen.

Trechus gracilitarsis nob. n. sp : *Ex affinitate Trechi limacodis Dej. et pulchelli Putz.; piceus, marginibus prothoracis elytrorumque et sutura horum dilutioribus, palpis, antennis pedibusque rufo-testaceis, femoribus in parte basali infuscatis; capite*

proportionaliter parvo, oculis sat prominulis, temporibus dimidio oculorum diametro fere aequalibus, antennis gracilibus, articulo secundo quarto subaequali, tertio secundo paulo longiore; prothorace cordato, capite multo latiore, fortiter convexo, post medium recte vel subsinuatim valde angustato, apice leviter emarginato, basin utrinque obliquato, angulis posticis obtusis, foveolis basalibus profundis; elytris ellipticis, aequaliter convexis, marginibus basalibus arcuatim convergentibus, humeris rotundatis, striis subtiliter punctatis, duabus internis apicem attingentibus, tertia tantum inter foveolis discoidalibus perspicua, externis evanescentibus; pedibus praesertim tarsis gracilibus. Long.: 3—3^1/$_2$ mm.
Patria: *In alpibus Venetiae provinciae.*

Am nächsten mit *Tr. limacodes* Dej. und *pulchellus* Putz. verwandt, durchschnittlich etwas grösser, durch pechbraune Färbung, schlankere Fühler und Beine und namentlich die Form des Halsschildes verschieden. Dasselbe ist herzförmig, beträchtlich breiter als der Kopf, an den Seiten stark gerundet, nach rückwärts gradlinig verengt oder gegen die Basis sehr schwach ausgeschweift. Der Hinterrand ist beiderseits abgeschrägt und vereinigt sich mit den Seitenrändern stumpfwinklig, die Winkel selbst nicht ganz scharf, sondern die Spitze leicht verrundet. Dadurch nähert sich die neue Art dem *Tr. Hampei* Gglbr., unterscheidet sich aber von diesem durch stärkere Wölbung des Körpers, im Verhältnis zum Halsschild schmaleren und kleineren Kopf, viel schlankere Fühler und Beine und nur innerhalb der Porengrübchen gestreifte Flügeldecken.

Wir sammelten diese Art auf dem Monte Grappa in den Venezianer-Alpen und im Val Sugana unterhalb des Lalensola-Passes.

Trechus tenuilimbatus nob. n. sp.: *Depressus, latiusculus, brunneo-piceus, antennarum articulo primo et basi proximorum, palporum ultimo, pedibus, limbo angusto prothoracis elytrorumque testaceis vel fulvo-testaceis; capite lato, oculis, prominulis, sulcis frontalibus subparallelis, retrorsum sensim extus curvatis, temporibus diametro oculorum paulo brevioribus; antennis primum trientem elytrorum fere attingentibus, articulo secundo quarto subaequali, tertio his evidenter longiore; prothorace anguste cordato, anteriore triente vel quadrante latissimo, basin versus late et sat profunde sinuato, (angulis posticis plerumque subacute productis), antice vix emarginato, postice recte truncato, lateribus conspicue explanato et reflexo; elytris ampliato-subellipticis, lateribus paulo rotundatis, marginibus basalibus antrorsum convergentibus, striis internis pro-*

fundis, externis subtilioribus, saepe evanescentibus, punctatis, tertia foveolis setigeris tribus impressa, interstitiis planis; pedibus sat brevibus. Long.: 4 - 4 ³/₄ mm.
Patria: Rhaetia, in regione Berninae montis.

Eine durch breite, flachgedrückte Flügeldecken und verhältnismässig schmales, kaum die halbe Breite des Hinterkörpers erreichendes Halsschild habituell gut gekennzeichnete Species und in ihrer typischen Form schon dadurch leicht von allen anderen *Trechus*-Arten ohne Schwierigkeit zu unterscheiden. Auch die Gestalt des Halsschilds ist charakteristisch, länglich herzförmig, die grösste Breite vor dem ersten Drittel, von hier aus nach rückwärts ähnlich wie bei *sinuatus* Schm. breit ausgeschweift verengt, die Hinterwinkel ziemlich spitz. Einzelne weniger breite Individuen nähern sich manchmal nicht wenig der depressen, kräftig gestreiften Veltliner Rasse des *Tr. Pertyi* Heer, so dass eine sichere Entscheidung nicht leicht getroffen werden kann. Doch dürften neben der bedeutenderen Grösse, das immerhin merklich schlankere Halsschild mit seiner breiten, seitlichen Ausschweifung und den spitzer vortretenden Hinterwinkeln, sowie die längeren Schläfen, Anhaltspunkte zur Überwindung solcher Schwierigkeiten bieten. Vergleicht man normale Stücke von *Tr. tenuilimbatus* und *Pertyi var. insubricus nob.* so würde man das Auftreten von Übergangsstücken für ausgeschlossen betrachten, indes nur ein neuer Beweis für die unglaubliche Veränderlichkeit der Formen in dieser Gattung, die bisher allen Gruppirungsversuchen, soweit sie eine durchgreifende Scheidung des zahlreichen Artenmaterials anstreben, die grössten Hindernisse bereitete.

Von uns im Val Masino in den Bernina-Alpen Ende Juli 1893 entdeckt.

Eine kleinere, meist dunklere Form mit seitlich stärker gerundeten, kürzeren Flügeldecken *(var. tristiculus nob.)* sammelten wir im Val Danerba und auf der Cima di Casinelle in Judicarien, sowie auf dem Piz de Pramper in den Venezianer Alpen. Ferner kennen wir ein Exemplar vom Hochthal Massodi in der Brenta (Pinker). Die Stücke aus den Venezianer Alpen haben einfärbig rötliche Taster und Fühler, bei den Südtiroler Individuen ist das letzte Tasterglied wie bei der Stammform pechbraun, ebenso die mittleren Fühlerglieder ganz oder zum Teil. Auf dem Piz de Pramper findet sich die *var. tristiculus* in Gesellschaft des *Tr. pallidulus* Gglbr., dem sie, von der Färbung abgesehen, bei oberflächlicher Betrachtung nicht unähnlich ist, die flachgedrückte Gestalt, das schmälere, herzförmige Halsschild, die dunklere Färbung, reichlichere und kräftigere

Streifung der Flügeldecken und namentlich die beträchtlich längeren Schläfen lassen indes *var. tristiculus* stets mit Sicherheit neben der Ganglbauer'schen Art erkennen.

Trechus sylvicola nob. n. sp.: *Trecho Putzeysi* Pand. *affinis; rufo-piceus, palpis antennis pedibusque rufo-testaceis; capite parvo, oculis valde prosilientibus, temporibus diametro oculorum triplo brevioribus, antennis subgracilibus, articulo secundo quarto aequali, tertio his longiore; prothorace magno, convexo, longitudine latiore, antice posticeque recte truncato, ante medium latissimo, antrorsum paulo magis quam retrorsum rotundato-angustato, ante basin breviter sinuato, angulis posticis acute denticulatim productis, distincte magis distantibus quam antici, foveolis basalibus inconspicuis, antrorsum haud pronlongatis, marginibus lateralibus tenuiter reflexis; elytris convexis, prothorace multo latioribus, basi subtruncatis, humeris obtusis, striis laevibus, tribus internis perspicuis, ceteris obsoletis.* Long.: 4 mm.
Patria: Teriolis meridionalis.

Trechus sylvicola nob. steht dem *Tr. Putzeysi* Pand. am nächsten. Das einzige uns vorliegende Exemplar übertrifft die ansehnlichsten Stücke dieser Art noch um ein Geringes an Grösse. Das Halsschild ist im Umriss ähnlich gestaltet, doch etwas breiter, nach rückwärts weniger verengt, die seitliche Ausschweifung vor den Hinterwinkeln schärfer ausgesprochen, die Hinterwinkel treten als spitze Zähnchen nach aussen vor. Sehr charakteristisch scheint uns das fast vollständige Fehlen eigentlicher Basalgruben. Unmittelbar vor dem Hinterrand bemerkt man nur eine quere Einsenkung, die sich beiderseits innerhalb der Hinterwinkel etwas verbreitert, ohne Verlängerung gegen den Diskus. Eine ähnliche Bildung beobachtet man bekanntlich auch bei *Tr. Ormayi* Gglbr. und *obtusiusculus* Gglbr.

Ein ♂ dieser interessanten Art siebten wir am 22. Juni 1894 auf dem Piano della Fugazza im Vallarsa aus Buchenlaub.

Trechus italicus nob. n. sp.: *Rufo-testaceus, antennis, palpis pedibusque pallidioribus; capite crassiusculo, oculis paulo prominulis, temporibus diametro oculorum triente brevioribus, antennis gracilibus, articulo tertio secundo quartoque longiore, his aequilongis; prothorace subcordato, longitudine latiore, apice haud emarginato, in primum triente anteriore latissimo, retrorsum gradatim angustato et ante angulos posticos leviter sinuato, basi recte truncato, marginibus lateralibus tenuiter reflexis, foveolis*

*basalibus profundis; elytris oblongis, subdepressis, lateraliter paulo rotundatis, plerumque post medium latissimis, basi subtruncatis, humeris subrotundatis, striis internis profundis, fortiter punctatis, externis obsoletioribus, tertia trifoveolata, interstitio secundo postice dilatato; pedibus sat brevibus. Long.: $3^1/2-4$ mm.
Patria: Aprutium Italiae centralis.*

Wie die vorhergehend beschriebene Spezies den Arten mit deutlich abgestutzter Flügeldeckenbasis anzuschliessen und unter diesen der hell gefärbten Form des *Tr. Dejani* Putz. vom Kerzer- und Hatzeger Gebirge (*banaticus* Dej.) am nächsten stehend, ist aber von derselben leicht durch kleinere Hinterecken des Halsschilds, schwächer entwickelten Hinterkörper, schmälere, seitlich weniger gerundete Flügeldecken, deutlicher punktirte Streifen derselben und schärfer angedeutete Schultern zu unterscheiden. Auch den schlankeren Stücken von *Tr. Pertyi v. insubricus nob.* ist *Tr. italicus* nicht unähnlich, doch durch anderen Verlauf der Basalränder der Flügeldecken und merklich schlankere Fühler verschieden. Bei oberflächlicher Betrachtung erinnert er etwas an *Tr. ochreatus* Dej. und *ovatus* Putz., welch beide sich aber von der neuen Art durch kleine Augen und entsprechend viel längere Schläfen entfernen.

Von Herrn Prof. Fiori auf dem Gran Sasso d'Italia entdeckt und zur Beschreibung freundlichst mitgeteilt.

Trechus modestus Putz., eine bisher wenig bekannt gewordene, mit *Tr. sinuatus* Schm. und *glacialis* Heer am nächsten verwandte Art, sammelten wir heuer auf dem Monte Barone bei Ivrea und dem Monte Columbino bei Brescia. Von ersterem Fundort stammen auch Putzeys' Typen.

Trechus lepontinus Gglbr. *var. consobrinus nob.* Eine Zwergform ($2^3/4-3$ mm) mit merklich kleineren Augen in Gesellschaft der Stammform ohne Übergänge in der Grösse bei Oropa (Prov. Novara). Einzeln auch auf dem M. Barone und M. Mucrone.

Trechus Ormayi Gglbr. *var. vallestris nob.* Im Juli 1890 siebten wir im Val Pesio (Liguria) aus feuchtem Buchenlaub neben *Tr. Putzeysi* und *quadristriatus* einen dem *Ormayi* sehr nahestehenden *Trechus*, der in Grösse und Färbung mit demselben vollständig übereinstimmt. Bei Vergleich verhältnismässig geringeren Materials der transylvanischen Art konnten einige Unterschiede festgestellt werden, welche die spezifische Abtrennung gestattet hätten, so z B. längeres, vom dritten kaum verschiedenes zweites Fühlerglied, breiter abgesetzter Seitenrand des Halsschilds und stärkere Basalgrübchen desselben. Nach Untersuchung später erhaltener zahlreichen Materials von *Ormayi* ziehen wir indes vor, die ligurischen Stücke als eine Lokalform desselben zu betrachten, da die erwähnten Unterschiede doch die wünschenswerte Constanz vermissen lassen und auch die Untersuchung der Forcipes keine Anhaltspunkte zur Trennung lieferte. Immerhin bleibt das räumlich so getrennte Vorkommen der beiden Formen, von denen die typische nur in Bosnien eine nähere Verwandte besitzt, bei dem sonstigen Mangel an Analogien eine auffallende Thatsache.

Hier mag auch am besten ein bei Vallombroso vorkommender *Trechus* untergebracht werden, von dem uns einige Stücke (Fiori, Flach) vorlagen, der sich von dem erwähnten ligurischen durch deutlich zähnchenartig vortretende Halsschildhinterwinkel unterscheidet, im übrigen aber mit demselben vollständig übereinstimmt.

Trechus limacodes Dej. var. *latiusculus* nob. Der normal ziemlich gewölbte *Trechus limacodes* mit ausgesprochen herzförmigem Halsschild wurde von Herrn Prof. Speiser auf der Saualpe bei Wolfsberg in Kärnthen in einer Form zahlreich gesammelt, die zwar einzeln auch mit der Stammart gemeinschaftlich angetroffen wird, hier aber als Lokalrasse auftritt. Sie unterscheidet sich von der typischen Form durch breitere, flachgedrückte Flügeldecken, seitlich viel stärker gerundetes Halsschild, mehr nach vorn gerücktes Breitenmaximum und meist schärfer abgesetzte Hinterwinkel desselben.

Schliesslich möchten wir noch eines von uns am 10. Aug. 1888 am steyerischen Abhang der Koralpe in einem einzigen Exemplar (♂) gesammelten, höchst auffallenden Tieres gedenken, das infolge sehr kräftig entwickelten Vorderkörpers und verhältnismässig schmaler Flügeldecken so wesentlich von dem gewohnten *Trechus*-Habitus abweicht, dass es nicht leicht möglich ist, dasselbe einer der bekannten Arten anzuschliessen. Der Kopf des rötlich-gelb gefärbten, 4 mm messenden Tierchens hat am meisten Ähnlichkeit mit dem des *Trechus elegans* Putz., Gglbr. (Verh. W. zool. bot. Ges. 1896), insbesondere biegen auch hier die nach vorn stark divergierenden Stirnfurchen von der Stelle der grössten Annäherung plötzlich rückwärts nach aussen ab und verlaufen ziemlich nahe dem Hinterrand der grossen, stark vortretenden Augen. Die Schläfen messen ungefähr ein Drittel der Länge des Augendurchmessers. Die Fühler erreichen die Mitte der Flügeldecken nicht, das 2.—4. Glied ist in der Basalhälfte angedunkelt, das zweite Glied gleich dem vierten und beide kürzer als das dritte. Das grosse Halsschild ist viel breiter als der Kopf, dem des *con-*

strictus Schm. ähnlich, doch seitlich weniger gerundet erweitert, vor den Hinterwinkeln sanft ausgeschweift, nicht plötzlich zusammengezogen, im Verhältnis zur Breite auch etwas länger. Die gestreckten, seicht gestreiften Flügeldecken übertreffen das Halsschild nur um ein Geringes an Breite, ihre Basis ist leicht abgestutzt. Die Beine sind ziemlich schlank, die Schenkel etwas verdickt.

Wir hatten seit Jahren die Absicht, auf dieses interessante Tier, das Ganglbauer, dem wir es s. Z. zur Ansicht sandten, als eine phänomenale Art bezeichnete, eine selbständige Spezies zu gründen *(Tr. paradoxus nob.)*, sind aber, durch einen neueren uns begegneten Fall von abnormer Entwicklung*) vorsichtig gemacht, davon abgekommen und möchten die Entscheidung bis zur Auffindung eines zweiten, übereinstimmenden Exemplars verschieben. Sollte es sich wirklich um eine Abnormität handeln, so käme zunächst nur eine der auf der Koralpe heimischen Arten in Betracht und unter diesen wiederum nur *Tr. grandis* Gglbr. und *constrictus* Schm. *Tr. grandis* ist grösser, die Stirnfurchen mehr parallel und weniger genähert, bei *constrictus* ist das Halsschild seitlich viel stärker gerundet erweitert, bei beiden ist dasselbe ausserdem kürzer, vor den Hinterwinkeln schärfer ausgeschweift, letztere mehr oder weniger abgesetzt. Sehr charakteristisch und den abweichenden Habitus wesentlich bedingend sind die schmalen Flügeldecken im Vergleich zu dem kurzen, breit-elliptischen Hinterkörper des *grandis* und *constrictus*. Bei genauer Beobachtung bemerkt man allerdings, dass die Seitenränder der Flügeldecken auf Kosten der Gesammtbreite etwas nach unten und innen gebogen sind, doch kann diese unbedeutende Anomalie nach unserer Meinung auf keinen Fall als Ursache der sehr auffallenden habituellen Verschiedenheit betrachtet werden.

Mit Rücksicht auf die spätere Typenforschung bemerken wir noch, dass das einzige Stück ursprünglich vollständig intakt und symmetrisch ausgebildet war, durch einen unaufgeklärten Zufall indes eine Beschädigung erlitt, wobei ein Teil der linken Flügeldecke zerrissen wurde und zwei Glieder des linken Fühlers verloren gingen.

---

*) *Bembidium liguricum* nob. *i. litt.* ein dem *fulvipes* ähnlicher *Peryphus*, von uns in einem Exemplar am Ufer des Pesio in Ligurien gesammelt. Der normale, basale Quereindruck befindet sich bei demselben unmittelbar vor dem Hinterrand des Halsschildes, der dadurch abgegrenzte Teil schmal, randartig, kaum breiter als der abgesetzte Seitenrand.

II.
Über zwei neue und einige bekannte ungeflügelte *Platynus*-Arten.

Es war schon seit längerer Zeit bekannt, dass die höheren Regionen der lessinischen Alpen von einer ungeflügelten *Platynus*-Art bewohnt werden, welche etwas an *depressus Dej.* erinnert und auch von B. Halbherr in seinem „Elenco sistematico dei coleotteri finora raccolti nella Valle Lagarina" unter diesem Namen aufgeführt wird. Die spezifische Trennung dieser Form *(teriolensis nob.)* von *depressus* gelingt indes ohne Schwierigkeit. In den letzten Jahren sind uns noch weitere *Platynus* - Formen aus Südtirol und Italien bekannt geworden, welche trotz konstanter Unterschiede doch in mancherlei Beziehung Ähnlichkeiten mit *teriolensis* aufweisen, so dass wir sie mit demselben als zu einer einzigen, variablen Art gehörig verbinden. Durch diese allgemeinere Auffassung der Art wird allerdings die Charakterisirung derselben wesentlich erschwert und halten wir es im Interesse der Klarheit für das zweckmässigste, in erster Linie diejenigen Merkmale zu präzisiren, welche allen Formen der neuen Art gemeinsam eigentümlich sind und durch welche sie sich zugleich von *depressus* entfernen, dann aber auf die Merkmale der einzelnen Formen unter sich näher einzugehen.

Platynus teriolensis nob. n. sp.

Mit Bezugnahme auf obige Einschränkung reduziren sich die konstanten Unterschiede der neuen Art von *depressus Dej.* auf folgende vier Punkte:

Platynus teriolensis nob. n. sp.: *Aterrimus, nitidus, palpis ferrugineis, mandibulis, antennis tarsisque rufescentibus; capite lato, foveolis frontalibus perspicuis, antennis gracilibus, dimidio elytrorum attingentibus, 3^0 articulo paulo 4^{ti} longiore; prothorace lato, lateribus haud sinuato, angulis posticis obtusis, setigeris, seta intra marginem inserta; elytris latis, fortiter striatis, striis laevibus, interstitiis convexis, 3^0 biforeolato, margine basali curvato, angulis humeralibus perspicue expressis; tarsorum anticorum ♂ articulo 2^0 subgracili, ultimo subtus evidenter setoso; forcipe apicem versus sensim angustato. Long.: 10—12 mm. Patria: Teriolis meridionalis orientalis.*

Die Taster sind bei *teriolensis* in allen Fällen einfärbig rotgelb, bei *depressus* ist das Wurzelglied derselben pechbraun.

Das zweite Glied der ♂ Vordertarsen ist merklich schlanker als bei *depressus*.

Die Unterseite der Klauenglieder ist bei *teriolensis* sehr deutlich und bis über die Mitte beborstet. Bei *depressus* ist die Beborstung fast geschwunden und wenn vorhanden, so sind die Börstchen kürzer und nur auf das letzte Drittel des Gliedes beschränkt. Besonders treten diese Unterschiede an den Mittel- und Vordertarsen hervor.

Der Forceps ist bei *teriolensis* allmählich nach vorne (Ansicht von der Spaltenseite) zu einer ziemlich scharfen Spitze verengt, während bei *depressus* die Verengung viel rascher zunimmt.

Weniger Bedeutung möchten wir der allerdings auffallenden, breiten Kopfbildung des *teriolensis* und seiner Rassen beilegen, da sich in dieser Beziehung bei Vergleichung grösseren Materials manchmal Abweichungen ergaben.

Die Art bewohnt die lessinischen Alpen, Judicarien, die Brescianer Berge und die Veltliner Alpen.

Stammform: Bisher nur aus dem auf tiroler Seite gelegenen Teil der lessinischen Alpen, besonders vom Col Santo bekannt.

Diese Form besitzt dieselbe glänzend schwarze Körperfarbe wie *depressus*; ausser den Tastern sind manchmal auch noch die Fühler und Vordertarsen und fast immer zwei Stirnflecken rötlich. Das Halsschild stimmt mit dem des *depressus* nicht überein, es ist breiter, die Verengung nach rückwärts findet in gerader Richtung statt, von einer Ausschweifung ist nichts zu bemerken. Die Seiten treffen mit dem Hinterrand stumpfwinklig zusammen, der Scheitel des Winkels selbst ist leicht abgerundet. Die Verflachung der Halsschildseiten gegen den Vorderrand ist breiter als bei *depressus*. Wesentliche Unterschiede zwischen beiden Arten liegen in dem Verlauf des Basalrandes der Flügeldecken. Bei *depressus* ist derselbe meist unter gleichzeitiger, schwacher Senkung nach rückwärts gerichtet, seltener rechtwinkelig zur Naht, in beiden Fällen kaum von der Geraden abweichend; an der Schulter geht er entweder sanft gerundet in den Seitenrand über, oder er bildet mit demselben einen wenig auffallenden, stumpfen Winkel. Bei *teriolensis* verläuft der Basalrand in kurzer, sehr deutlich konkaver Kurve zur Schulter und bildet bei der Vereinigung mit dem Seitenrand eine kräftig ausgebildete Ecke. Dieselbe befindet sich an der Mündung des sechsten Zwischenraumes, seltener des sechsten Streifens. Bei *depressus* ist diese Vereinigungsstelle weiter nach auswärts gerückt.

Var. juvenilis nob. Diese Form wurde von uns in Judicarien (Val Daone) und in den benachbarten italienischen Bergen (Monte Columbino bei Brescia) aufgefunden.

Die tiefschwarze Färbung der Stammform ist bei *var. juvenilis* in ein glänzendes, dunkles Pechbraun übergegangen; Schenkel und Schienen zeigen schon die Neigung, dunkelrotbraun zu werden, Fühler und Tarsen sind bereits ebenso rötlich wie die Taster und auch die Halsschildseitenränder sind meist deutlich heller braun. Im allgemeinen entspricht die Halsschildform noch derjenigen der Stammform, jedoch sind die Seiten vor den Hinterwinkeln oft deutlich ausgeschweift, so das etwas nach aussen gerichtete Ecken nicht selten vorkommen. In der Regel, besonders bei den ♂♂, ist das Halsschild schlanker als bei *teriolensis*. Sehr auffällig unterscheidet sich *juvenilis* von der Stammform dadurch, dass der Basalrand der Flügeldecken in fast unmerklicher Kurve nach aussen verläuft und in den Seitenrand unter Bildung einer vortretenden Ecke übergeht, welche weiter nach aussen gelegen ist und sich etwa an der Mündung des siebenten Zwischenraumes befindet. Erwähnenswert scheint uns noch, dass die Brescianer Stücke dieser Rasse der typischen Form näher stehen, als die aus Judicarien stammenden.

Var. lombardus nob. Unter diesem Namen beabsichtigen wir vorläufig eine unseres Wissens noch nicht bekannte, die Veltliner Alpen bewohnende Form einzuführen. Wir sammelten dieselbe in geringer Anzahl im Juli 1888 im Val Arigna und stellen dieselbe, allerdings mit einigen Bedenken, als *var.* zu *teriolensis* unter der Voraussetzung, dass in den von uns noch nicht besuchten Zwischengebieten vielleicht noch Übergangsformen aufgefunden werden.

Platynus teroliensis var. juvenilis nob.: Nigro-piceus, antennis, palpis tarsisque rufis, femoribus tibiisque rufobrunneis; a forma typica praeterea prothorace longiore et lateraliter ante angulos posticos subsinuato, margine basali elytrorum haud vel vix curvato et angulis humeralibus minus distinctis magisque a scutello distantibus distinguendus. Long.: 11—12 mm. Patria: Teriolis meridionalis occidentalis, Lombardia.

Platynus teriolensis var. lombardus nob.: Castaneus, sutura, marginibus elytrorum prothoracisque, antennis, palpis, pedibusque dilutioribus; prothorace cordato, lateraliter sinuato, angulis posticis rectis, anticis perspicue productis; elytris humeros versus deplanatis, striis externis minus profundis, interstitio 6º 7ºque reliquis latioribus, 3º bifoveolato; tarsorum anticorum ♂ articulo 2º subgracili, ultimo subtus distincte setoso; forcipe apicem versus gradatim angustato. Long.: 11—12,5 mm. Patria: Lombardia.

Diese Rasse fällt vor allem durch ihre braune Gesamtfärbung auf; die Beine und Fühler sind heller, meist einfärbig gelbbraun, ebenso die Ränder des Halsschilds und der Flügeldecken und oft auch die Naht und die Schulterecke. Nicht selten breitet sich die helle Färbung auf den Kopf und das ganze Halsschild, zuweilen über den ganzen Körper aus. Das Halsschild ist deutlich herzförmig, die Hinterecken etwas nach aussen gerichtet, nur dann, wenn der Basalrand seitlich abgeschrägt ist, stumpf. Die Vorderecken sind vorgezogen, deutlich abgesetzt und nicht so breit verrundet, als bei den vorhergehend besprochenen Formen. Im allgemeinen ist das Halsschild beim ☿ so lang oder etwas länger als breit, beim ♀ breiter als lang. Die Flügeldecken sind besonders gegen die Schultern verflacht, die äusseren Streifen weniger tief und die entsprechenden Zwischenräume flacher, der 6. und 7., manchmal noch der 5., sind meist viel breiter als die inneren. Bei *teriolensis*, *juvenilis* und *depressus* sind diese Zwischenräume eher schmäler und ebenso gewölbt, wie die übrigen. Der 7. Zwischenraum trifft mit dem Basalrand in fast senkrechter Richtung zusammen und ist an dieser Stelle nur wenig verschmälert; bei den verwandten Formen ist derselbe von den umgebenden zusammengedrängt, gezwungen mehr im Bogen und verschmälert nach vorn auszulaufen. Der Basalrand verläuft in flacher Curve nach der Schulter und bildet dort eine deutliche Ecke. Diese befindet sich unter allen besprochenen Formen hier am weitesten nach aussen gerückt. Das zweite Vordertarsenglied ist schlanker als bei *depressus*, immerhin aber merklich breiter als bei *teriolensis*.

Im Vergleich mit der Stammform und der var. *juvenilis* kommen bei *lombardus* durchschnittlich grössere Exemplare vor. Trotzdem derselbe sich dem Verbreitungsgebiet des *depressus* am meisten nähert, zeigt er doch von allen 3 erwähnten Formen des *teriolensis* die geringste Ähnlichkeit mit demselben. Man könnte auch geneigt sein, var. *lombardus* als den östlichsten Repräsentanten des *Pl. complanatus* Dej. zu betrachten und in der That ist *teriolensis* und seine Rassen mit demselben viel näher verwandt, als mit *depressus*. Auf die Unterschiede werden wir später bei Besprechung des *complanatus* zurückkommen.

Platynus sexualis nob. n. sp.

Durch die Auffindung der oben beschriebenen *Platynus*-Formen wurde die Kenntnis der ungeflügelten Arten dieser Gattung zweifellos erschwert. Nun stehen wir neuerdings vor der merkwürdigen Thatsache, dass sich am Monte Viso und den südlich davon gelegenen Thälern eine Art entwickelt hat, die mit keiner bekannten identifizirt werden kann. Sie stimmt fast genau mit *teriolensis var. juvenilis* überein, unterscheidet sich aber von diesem, sowie von allen andern in Betracht kommenden Arten durch die Gestalt des Forceps. Der Unterschied ist nicht sehr auffallend, doch für den Kenner von hinreichender Schärfe.

Die Körperfarbe ist dunkel pechbraun, die Ränder des Halsschilds oft heller, die Schenkel der vorherrschend braunrot gefärbten Beine meist dunkler, Stirnflecken, Fühler, Tarsen und Palpen rötlich, das Wurzelglied der letzteren stets an der Spitze schwach angedunkelt. Der Kopf nicht besonders breit, Stirngrübchen sehr flach, öfter fehlend; die Fühler sind schlank und erreichen die Mitte der Flügeldecken, Glied 3 nur wenig länger als 4, beim ♀ beide fast von gleicher Länge. Das Halsschild ist fast immer breiter als lang, nur bei einzelnen ♂♂ so lang als breit, die Verengung nach rückwärts ist nahezu geradlinig, nur ausnahmsweise findet sich eine leichte Ausschweifung angedeutet; die Seiten und der Hinterrand treffen stumpfwinklig zusammen, der Scheitel des Winkels ist leicht abgerundet; in seltenen Fällen ist der Hinterrand seitlich etwas abgeschrägt; die Postangularseta ist innerhalb des Randes inserirt. Die Flügeldecken sind tief glattgestreift, der Skutellarstreifen länger als bei allen Arten dieser Gruppe, der dritte Zwischenraum mit zwei eingestochenen Punkten, der Basalrand verläuft fast gerade, seltener schwach gebogen zur Schulter und bildet mit dem Seitenrand eine deutliche, aber nicht kräftige Ecke, die nur in seltenen Fällen undeutlich wird. Die Beborstung der Unterseite der Tarsen ist namentlich an den Vorder- und Mittelbeinen spärlich, das zweite Glied der Vordertarsen des ♂ schlank; der Forceps ist länglich pfriemenförmig, besitzt also zwei aufeinander folgende, gegenseitig deutlich abgesetzte Verengungszonen, die Spitze selbst ist stumpfer als bei allen Verwandten.

Platynus sexualis nob. n. sp.: *Nigro-piceus, prothoracis marginibus, maculis frontalibus tibiisque dilutioribus, antennis, tarsis palpisque rufescentibus; capite latiusculo, foveolis frontalibus obsoletis vel nullis, antennis subgracilibus, dimidio elytrorum attingentibus; prothorace fere semper longitudine latiore, lateribus rectis, angulis posticis obtusis, setigeris, seta intra marginem instructa; elytris profunde striatis, striis laevibus, stria scutellari magis prolongata, interstitio 3° bifoveolato, margine basali recto vel leviter curvato, angulis humeralibus modice expressis; pedibus gracilibus, articulo 2° maris tarsorum anticorum gracili, ultimo subtus parce setoso; forcipe leviter subuliformi.* Long.: 10—12 mm.
Patria: *Pedemontium.*

Wir sammelten diese Art im Mai und Juni dieses Jahres in wenigen Exemplaren am Südabhang des Monte Viso (Val Vallante), ausserdem in einiger Anzahl in dem nächst südlich gelegenen Val Maira (Val Macra).

Platynus sexualis nob. zeigt, wie bereits bemerkt, die grösste Ähnlichkeit mit *teriolensis* var. *juvenilis* nob. und ist von demselben nur durch die Forcepsbildung sicher zu trennen. In der spärlichen Beborstung der Tarsen erinnert er an *depressus* Dej., dessen Begattungsglied wie bei den übrigen Arten zur Spitze gleichmässig verengt ist, unterscheidet sich aber von demselben ausserdem durch die Farbe der Taster, Fühler und Beine, die Halsschildform und das schlanke zweite Glied der Vordertarsen des ♂. *Plat. complanatus* Dej. mit ebenfalls schlanken ♂ Vordertarsen ist kleiner, das Halsschild breiter, rückwärts weniger verengt, die Fühler weniger schlank, das dritte Glied derselben im Verhältnis zum folgenden kürzer. Nicht unwesentlich für die Begründung der spezifischen Trennung des *Pl. sexualis* von *complanatus* scheint uns der Umstand zu sein, dass von letzterer Art bereits eine Rasse für den Monte Viso nachgewiesen ist. Auf die Unterschiede von *Pl. Peiroleri* Bassi kommen wir im folgenden Abschnitt zurück.

Schliesslich mögen noch einige Beobachtungen, die sich im Laufe unserer Untersuchungen ergeben haben, ferner einige Notizen über die geographische Verbreitung Erwähnung finden.

Platynus depressus Dej. Unser Material stammt aus der Monte Rosa-Gegend, ferner aus den lepoutinischen Alpen, der Zentralschweiz (Zapport-Alpe) und vom Monte Grigna in den Bergamasker Alpen (Ostgrenze seines Verbreitungsgebietes). An den beiden ersteren Fundplätzen kommt neben *depressus* auch die folgende Art vor.

Platynus complanatus Dej. und var. *erythrocephalus* Bassi. Über diese Art, von der uns nur geringes Material zur Verfügung steht, können wir zur Zeit noch kein endgiltiges Urteil fällen. Soviel aber scheint uns heute schon sicher zu sein, dass die Abtrennung dieser Art auf Grund der Halsschildform aussichtslos ist. Im Allgemeinen ist sie von ihren Verwandten, insbesondere *teriolensis* und *sexualis* durch bedeutendere Grösse, längere Fühler, welche die Flügeldeckenmitte etwas überragen und deren drittes Glied sehr deutlich länger ist als das vierte, den schmalen Kopf und die schlanken ♂ Vordertarsen verschieden. Mit *teriolensis* hat *complanatus* die Forcepsform und die deutliche Beborstung der

Klauenglieder gemein. Die Taster sind nicht vollständig einfärbig, das erste Glied ist an der Spitze schwach angedunkelt. Von nicht geringer Wichtigkeit scheint uns ein Unterschied in der Insertion der Postangularseta. Dieselbe entspringt bei allen Arten innerhalb des Randes, bei *complanatus* befindet sich die Pore auf dem Rande selbst. Bei verloren gegangener Borste ist indes eine kleine Einkerbung des Randes nicht immer als Ursprung derselben anzusehen, eine solche findet sich auch oft bei Arten mit stets intramarginaler Seten-Insertion. Leider ist das erwähnte Unterscheidungsmerkmal nicht ganz konstant, kann aber in manchen zweifelhaften Fällen bei der Feststellung der Art mitbestimmend wirken.

Platynus Peiroleri Bassi. Die Vergleichung unseres zahlreichen Materials aus den Seealpen und dem ligurischen Apennin hat ergeben, dass diese Art von allen Verwandten durch den Mangel der Seta in den Hinterwinkeln des Halsschildes stets sicher zu unterscheiden ist. Der Forceps schliesst sich dem des *sexualis* an, die zweite Verengung findet aber weniger allmählich statt und die Spitze selbst ist schärfer. Es liegt die Vermutung nahe, dass *sexualis* auf *Peiroleri*, der ebenfalls vom Monte Viso beschrieben ist, zu beziehen sei, doch widersprechen einer solchen Annahme die Angaben der Originalbeschreibung, nach welchen *Platynus Peiroleri* auct. zweifellos = *Peiroleri* Bassi. Wenn Bassis Fundortsangabe zutreffend ist, so würde der Monte Viso von drei ungeflügelten *Platynus*-Arten bewohnt (*Peiroleri*, *complanatus var. erythrocephalus* und *sexualis*). Die nördlichste Lokalität an der wir *Peiroleri* sammelten, ist die Colla lunga (Valle di Stura, Bagni di Vinadio).

Platynus piceus Dej. ist nur sehr kurz beschrieben, die Angaben stimmen nur auf *Peiroleri*, keineswegs auf *sexualis*.

III.
Übersicht der palaearctischen Arten der Gattung *Zuphium* Latr.

Zuphium baeticum nob. n. sp.: *Gracile, depressum, pallide testaceum, parce flavido-pubescens; capite nitido, obsolete punctulato, post oculos dilatato, his minimis, punctiformibus, spatio temporali diametro longitudinali oculorum quadruplo vel quincuplo longiore, antennis gracilibus, elytrorum dimidium superantibus, subtiliter aequaliterque pubescentibus, scapo plurisetoso, articulo tertio quarto aequilongo et secundo duplo longiore, prothorace cordiformi, capite paulo latiore, subtiliter punctulato, basi trisulcato, sulco mediano discum versus prolongato; elytris capite thoraceque simul sumptis aequilongis, ab humeris retrorsum sensim dilatatis, lateribus rectis, apice truncatis, opacis, subtilissime confertissimeque transversim rugulosis, distincte striatis, interstitiis imparibus elevatioribus, tertio quintoque apice tuberculum piliferum gerantibus, margine inter tubercula subsinuato; pedibus subgracilibus, tibiis posterioribus in utroque sexu rectis.* Long.: 4—5 mm. Patria: Hispania meridionalis, Sicilia, Algeria.

Zuphium punicum nob. n. sp.: *Speciei praecidenti affine, magnitudine oculorum et pilositate primi antennarum articuli ei conforme, sed ab eo statura majore, capite angustiore, temporibus retrorsum haud dilatatis, parallelis et ad collum aequaliter rotundato-angustatis, antennis multo gracilioribus, apicem elytrorum fere attingentibus, angulis prothoracis anticis magis rotundatis, elytris fortius et magis regulariter striatis differt.* Long.: 7 mm. Patria: Provincia Punica.

Zuphium ponticum nob. n. sp.: *Zuphio hungarico auctoris Frivaldskyi subsimile, differt autem ab illo elytris concoloribus rufotestaceis, punctura capitis prothoracisque subtiliore sed densiore, capite angustiore, oculis minoribus, elytris angustioribus, opacis, confertissime punctatis et subtilissime transversim rugulosis.* Long.: 7 mm. Patria: Asia minor in regione Pontica.

Übersichts-Tabelle.

I. Erstes Fühlerglied gleichmässig kurz pubescent, nur vor

der Spitze die normale Seta,*) Apicalränder der Flügeldecken gerade
1" Flügeldecken an der Spitze gemeinschaftlich abgestutzt.
2" Halsschild fein und dicht gedrängt punktirt mit anliegender Behaarung, Flügeldecken $1/4$ länger als Kopf und Halsschild, ganz oder teilweise dunkel gefärbt, seitliche Basaleindrücke des Halsschilds breiter und flacher, je $1/3$ der ganzen Breite einnehmend. Grössere Arten. (8—9 mm.) . . . . I. Gruppe.**)
3" Schläfenraum***) kürzer als der Längsdurchmesser der Augen, Hinterrand des Halsschilds fast gerade abgeschnitten, seitlich kaum abgeschrägt, Kopf vor den Augen viel schmäler als hinter denselben, Flügeldecken rotbraun bis schwarzbraun mit heller Fleckenzeichnung. Mittelmeergebiet, Kaukasus, Turkestan . . . . *olens F.*
3' Schläfenraum länger als der Längsdurchmesser der Augen, Hinterrand des Halsschilds beiderseits neben den Hinterwinkeln ziemlich tief ausgeschnitten und vorgezogen, Kopf vor den Augen kaum schmäler als hinter denselben, Flügeldecken einfarbig pechbraun. Marokko (Tanger) . . . . *microphthalmum* Putz.
2' Halsschild gröber und weitläufiger punktirt, mit halbaufgerichteter, im Profil deutlich sichtbarer Behaarung, Flügeldecken so lang oder kaum länger als Kopf und Halsschild, einfarbig blass gelblich-braun, seitliche Basaleindrücke des Halsschilds schmal, furchenartig, kaum $1/4$ der ganzen Breite einnehmend. Kleinere Art

---

*) Die von uns zuerst beobachtete und in ihrer besonderen Wichtigkeit für die Artengruppirung bei vorliegender Gattung erkannte Verschiedenheit in der Beborstung des ersten Fühlergliedes findet sich bereits bei der Beschreibung des Z. *ciliatum, varum* und *Vaucheri* (Annales de la Soc. ent. de Fr. 1897, Bull. p. 292) benützt. Wir bemerken hier, dass der Autor, unser verehrter Kollege, Herr Marcel de Vauloger, dem wir uns für die Mitteilung seiner Typen und sonstigen reichhaltigen Materials zu besonderem Danke verpflichtet fühlen, von unsern diesbezüglichen Mitteilungen mit unserem Einverständnis Gebrauch machte.

**) Hieher wahrscheinlich auch die uns unbekannten Z. *ruficeps* Apetz, *fuscum* Gory, *syriacum* Chaud. und *vibex* Motsch. Bezüglich der systematischen Stellung des Z. *cilicium* Peyr., (Ann. de Fr. 1858 p. 389, tab. 9, Fig. 8) lassen sich weder aus der Beschreibung, noch aus der Abbildung Anhaltspunkte gewinnen.

***) Als Schläfenraum (*spatium temporale sive postoculare*) bezeichnen wir die Projektion der vom Augenhinterrand zur Halseinschnürung verlaufenden Begrenzungskurve auf die Längsaxe des Kopfes. Zur Bestimmung des hier öfters benützten Verhältnisses des Augendurchmessers zur Länge des Schläfenraums empfiehlt es sich, den Kopf unter zweckmässiger Benützung der Beleuchtung genau im Profil zu betrachten.

(6—7¹/₂ mm) aus Nubien (Dongola) und dem westasiatischen Steppengebiet . . . . . . II. Gruppe.
testaceum Klug.

1' Spitzenränder der Flügeldecken gegen die Naht konvergirend, Schläfenraum so lang oder länger als der Längsdurchmesser der Augen. Einfarbig blassgelbliche Arten, höchstens eine vorn verbreiterte Suturalbinde bräunlich . . . . III. Gruppe.

4" Augen grösser, kreisrund, Schläfenspatium kaum mehr als doppelt so lang als der Augendurchmesser, Kopf breiter, mit schärferen, wenig verrundeten Hinterwinkeln, wie das Halsschild ziemlich dicht und grob punktirt, Fühler kräftiger.

5" Punktur des Kopfes und Halsschilds sehr grob, Behaarung länger, rauher, an den Seiten des Halsschilds feinen Wimperhärchen ähnlich. 6—6¹/₂ mm. Biskra
ciliatum Vaulog.

5' Punktur des Vorderkörpers schwächer, desgleichen die Behaarung, diese am Seitenrand des Halsschildes kaum bemerkbar.

6" Grössere Arten (7 mm.) aus Ungarn bezw. {*hungaricum* Friv.
Kleinasien {*ponticum* nob. n. sp.

6' Kleinere Arten (4¹/₂—6 mm) aus West- {*numidicum* Luc.
europa und Marrokko {*Boccagei* Ol.
{*Faillae* Rttr.

4' Augen sehr klein, punktförmig, jedoch nicht rund, sondern quer, breiter als lang, Postocularspatium 4 bis 6 mal länger als der Augenlängsdurchmesser, Kopf verlängt, die Hinterwinkel viel mehr verrundet, zerstreut und fein, das Halsschild gedrängter punktirt, Fühler sehr schlank. 6—7 mm. Algier (Mont Quarsenis).
Bedeli Vaulog.

II. Erstes Fühlerglied ausser der normalen feinen Pubescenz an der Aussenseite zwischen Basis und Spitzenseta mit mehreren, längeren, aufgerichteten Börstchen. Apicalrand der Flügeldecken zwischen den beiden borstentragenden Höckerchen leicht ausgerandet. Oberseite blass gelblich, höchstens der Kopf ganz oder teilweise pechbraun . . . . IV. Gruppe.

6" Hintertibien des ♂ abnorm, auffallend einwärts gekrümmt, die Hinterschenkel des ♂ stark verdickt, drittes Fühlerglied kürzer als das vierte und nur um die Hälfte länger als das zweite. 4,5—5 mm. Biskra
varum Vaulog.

6' Hintertibien in beiden Geschlechtern gerade, Schenkel kaum verdickt, drittes Fühlerglied so lang oder etwas länger als das vierte und mindestens doppelt so lang als das zweite.

7" Augen grösser, Schläfenraum höchstens $2^1/_2$ mal länger als ihr Längsdurchmesser.

8" Augen gross, stark vortretend, die Entfernung ihrer Aussenränder grösser als die Maximalbreite des Hinterkopfes. Temporalspatium so lang als der Durchmesser des Auges. Kopf ganz pechbraun. 5—5,5 mm. Marokko (Tanger) . . . . *Vaucheri* Vaulog.

8' Augen kleiner, flacher, Kopf innerhalb des Schläfenraums am breitesten, dieser $1^1/_2$—2 mal länger als der Augendurchmesser, Kopf pechbraun mit heller Scheitelmakel, selten einfärbig blass gelblich braun. $4^1/_2$—6 mm. Mittelmeergebiet, Ungarn, Samsun . . . *Chevrolati* Cast.

7' Augen kleiner, punktförmig, Schläfenraum 4—5 mal länger als ihr Durchmesser. Kopf mit dem übrigen Körper gleichfarbig.

9" Kopf breit, hinter den Augen erweitert, Schläfen und Vorderwinkel des Halsschilds weniger verrundet, Fühler kürzer, höchstens das Apicalviertel der Flügeldecken erreichend, drittes Glied nur doppelt so lang als das zweite. Kleinere Art: 4—5 mm. Südspanien, Algier, Sizilien . . . . *baeticum* nob. n. sp.

9' Kopf verlängt, hinter den Augen parallel, Schläfen zur Halseinschnürung vollständig verrundet, Vorderwinkel des Halsschilds kaum angedeutet, Fühler sehr schlank, die Spitze der Flügeldecken fast erreichend, drittes Glied dreimal so lang als das zweite. Grössere Art: 7 mm. Algier (Medeah) . . . . *punicum* nob. n. sp.

Zuphium longiusculum Chaud., aus Astrabad beschrieben, ist von *olens* nicht zu trennen. Die von Chaudoir angegebenen Unterschiede sind sehr geringfügig. Die turkestanischen Stücke sind durchschnittlich heller gefärbt.

Zuphium testaceum Klug, aus Nubien (Dongola) beschrieben, wurde später von Motschulsky am Ufer des Ichim-Flusses in der Kirghisensteppe (Motschulsky, Insectes de la Sibérie, p. 38) aufgefunden. Wir kennen ein egyptisches Exemplar (Wiener Hofmuseum). Mit demselben stimmen eine Anzahl Individuen vom Sefir-Kuh in Turkestan (Coll. F. Hauser), die Typen des *Zuphium Hauseri* Rttr. (Wiener ent. Ztg. 1895, p. 149) vollständig überein.

Zuphium hungaricum Friv., *numidicum* Luc. und Verwandte. Die in vorstehender Tabelle sub 5' zusammengefassten Arten bedürfen noch eingehenderen Studiums an reichlicherem Material. Soviel wir bis jetzt beurteilen können, sind die auch in der geringeren Grösse übereinstimmenden Arten, *numidicum* Luc., *Boccagei* Ol. und *Faillae* Rttr., unter sich sehr nahe verwandt. Von ersterem kennen wir zwei Exemplare, das eine aus Chauzy in Oran (Coll. de Vauloger), das andere aus Tanger (Coll. Bedel). Beide Stücke wurden von Herrn de Vauloger mit der im Pariser Museum befindlichen Lucas'schen Type identifizirt. *Zuphium Boccagei* Ol. lag uns in einem vom Autor selbst stammenden Individuum (Coimbra, coll. v. Heyden) vor, von *Zuph. Faillae* Rttr. kennen wir das typische Stück von Licata (coll. Failla-Tedaldi). Obwohl mit diesem spärlichen Material eine definitive Entscheidung nicht getroffen werden kann, so scheint es uns doch sehr wahrscheinlich, dass *Z. Faillae* Rttr. = *Boccagei* Ol. *Z. numidicum* unterscheidet sich von beiden nur durch etwas feinere Punktur und undeutlichere Behaarung des Halsschilds. *Zuphium hungaricum* Friv., von dem uns durch die Güte des Herrn Direktors Dr. v. Horváth das Originalexemplar zur Verfügung stand, erhielten wir leider erst später, als wir das Material der oben erwähnten drei Arten nicht mehr in Händen hatten, so dass die wichtige unmittelbare Vergleichung nicht vorgenommen werden konnte. Nach unseren Notizen und aus der Erinnerung können wir indes doch folgendes bemerken: *Z. hungaricum* Friv. unterscheidet sich von den drei genannten Arten durch bedeutendere Grösse (7 mm gegen $4^{1}/_{2}$—6 mm) und das Auftreten einer dunkleren, von der Flügeldeckenmitte bis zur Basis reichenden und hier verbreiterten Suturalbinde. Der Schläfenraum ist ungefähr doppelt so lang als der Augendurchmesser, das dritte Fühlerglied circa $2^{1}/_{2}$ mal so lang als das zweite und $^{1}/_{5}$ länger als das vierte. Kopf und Halsschild dicht und ziemlich grob punktirt, doch etwas schwächer als bei *Boccagei* und *Faillae*. Hieher auch ein aus Samsun stammendes, im k. ungarischen Nationalmuseum befindliches, ebenfalls 7 mm messendes Stück, das sich von *Z. hungaricum* durch gleichmässig rotgelbe Färbung, feinere aber dichtere Punktur des Kopfes und Halsschilds, schmäleren Kopf und gestrecktere Flügeldecken unterscheidet. Die letzteren sind matt, gedrängt punktirt, die Punkte durch Querrunzeln verbunden, bei *hungaricum* glänzend, die Punkte isolirt. Kopf und Halsschild sehr kurz abstehend behaart, Flügeldecken fast kahl, vielleicht abgerieben; Augen etwas kleiner, Schläfenraum $2^{1}/_{2}$ mal so lang als der Augendurchmesser; Fühler schlanker, drittes Fühlerglied fast dreimal so lang als das zweite und um ¼ länger als das vierte. Erstes Fühlerglied wie bei *hungaricum* nur mit einer Seta vor der Spitze, Flügeldecken mit geraden, nach vorn konvergirenden Spitzenrändern (*Z. ponticum nob.*)

Zuphium Chevrolati Cast. ist aus Bordeaux beschrieben. Ausser südfranzösischen Stücken von Toulouse, Béziers, Gers und Port Ventre kennen wir noch corsicanische und italienische, ferner je ein Exemplar aus Tanger und Algeciras (coll. Reitter [*]), alle mit dunklem, rotbraun bis pechbraun gefärbtem Kopf mit je einem helleren Flecken über dem Schläfenraum, die sich meist auf der Stirn zu einer nach rückwärts geöffneten, halbkreisförmigen Makel vereinigen. In den letzten Jahren wurde die Art auch in Ungarn und zwar von Herrn Custos Ganglbauer bei Herkulesbad, von Herrn Dietl bei Déva in je einem Exemplar aufgefunden. Bei dem Ganglbauer'schen Stück ist der Kopf mit dem übrigen Körper gleichfarbig rötlichgelb, letzteres (*Z. transylvanicum* Dietl i. litt.) zeigt deutliche Spuren hellerer Scheitelmakeln. Im übrigen waren kaum nennenswerte Verschiedenheiten beim Vergleich mit typischen *Chevrolati* zu konstatiren. Ein im k. ungarischen Nationalmuseum befindliches, ebenfalls ganz einfärbiges, wenig gut erhaltenes Individuum aus Samsun glauben wir auch auf *Chevrolati* beziehen zu müssen.

Bezüglich des sizilianischen *Zuphium unicolor* Germar (Fauna insect. 21, tab. 1.) waren unsere Versuche, das Originalstück zu erhalten, erfolglos. Die in der Beschreibung enthaltene Angabe „elytra ... sinuata, bicallosa" schliessen die Möglichkeit *Z. Faillae* Rttr. darauf zu beziehen, aus. Zur Entscheidung, ob *unicolor* auf *Chevrolati* mit einfarbig hellem Kopf oder auf die folgende Art, die ebenfalls von Sizilien bekannt ist, bezogen werden soll, gibt die Abbildung keine Anhaltspunkte. Kleine, knopfförmig vortretende Augen, wie sie die Zeichnung zeigt, kommen überhaupt bei *Zuphium* nicht vor. Es dürfte sich empfehlen, den Germarischen Namen auf die *Chevrolati*-Varietäten mit einfärbig hellem Kopf anzuwenden.

Zuphium numidicum Luc., das seit Marseul als mit *Z. Chevrolati* synonym betrachtet wurde, ist, wie aus der Übersichtstabelle hervorgeht, von demselben scharf unterschieden.

Zuphium Schelkownikowi Carret (Annales de la Soc. ent. de Fr. 1898, Bull. pag. 55). von Aresch im Gouvernement Elisabethpol stammend, wird in der Beschreibung mit *Z. damascenum* Fairm.

---

[*]) Dieses Stück = *Boccagei* Rttr. (Il naturalista siciliano, VII, 1887, 9) nec Oliveira!

verglichen. Letztere Art ist uns unbekannt, scheint aber nach brieflicher Mitteilung des Herrn de Vauloger, der Gelegenheit hatte, das Fairmaire'sche Originalstück zu vergleichen, dem *Z. Chevrolati* nahe verwandt zu sein. „Grösse und Färbung wie bei *Chevrolati*, nur das dritte Fühlerglied im Verhältnis zum zweiten etwas länger, Gestalt des Halsschildes etwas abweichend, Flügeldecken ohne Apicalböcker." Zwei uns zur Ansicht vorgelegene typische Stücke des *Z. Schelkownikowi* unterscheiden sich von einfarbigen *Z. Chevrolati* im wesentlichen nur durch matte, stärker chagrinirte Flügeldecken.

Zuphium baeticum nob. n. sp. Eine einfärbig blassgelbe, mit *Chevrolati* verwandte Art, aber durch kleine punktförmige Augen und langes Schläfenspatium von demselben gut unterschieden. Unser Originalstück stammt von Medina Sidonia bei Chiclana (Korb 90). Später wurden uns noch algerische und marokanische Stücke bekannt (St. Charles, Bône, Tanger*). Reitter besitzt ein Exemplar aus Sizilien = *Chevrolati* Rttr. (Il naturalista siciliano VII, 1887, pag. 9) nec Cast.!

Zuphium punicum nob. n. sp., die ansehnlichste Art der vierten Gruppe. Das einzige, uns bekannt gewordene Exemplar stammt aus Medeah (Algier) und befindet sich in Bedels Sammlung.

Endlich erwähnen wir noch ein einzelnes, nur $4^{1}/_{2}$ mm messendes, einfärbig rötlichgelbes Stück (♀) vom Sefir-Kuh in Turkestan (Coll. F. Hauser) mit auffallend kurzen Beinen. Die Hinterschenkel sind stark verdickt, die Hintertibien deutlich etwas einwärts gekrümmt und plattgedrückt. Es erinnert habituell etwas an *Z. varum* Vaulog., und es wäre nicht unwahrscheinlich, dass dem zugehörigen ♂ eine ähnliche, auffallende Geschlechtsauszeichnung zukommt, wie der erwähnten algerischen Art. Das dritte Fühlerglied ist nicht ganz doppelt so lang als das zweite, das vierte deutlich länger als das dritte. Augen ziemlich gross, Schläfenraum nicht ganz doppelt so lang als der Augenlängsdurchmesser. Sollte sich unsere Vermutung bestätigen, so schlagen wir für dasselbe den Namen *bactrianum* vor.

---

*) Es kommen demnach in der Umgebung von Tanger fünf *Zuphium*-Arten vor: *microphthalmum, numidicum, Vaucheri, Chevrolati* und *baeticum*. *Zuph. olens*, von dem wir auch algerische und tunesische Exemplare kennen, dürfte dort sicher nicht fehlen.

IV.

Das Amaren-Subgenus *Leirides* Putz.

Amara baldensis nob. n. sp.: *Amarae alpestri (auctoris Villae) proxima, quarum varietatibus gracilioribus simillima, sed constanter deficiente seta postangulari prothoracis distinguenda; prothorace tantum parte basali punctato, elytrorum striis tenuibus, subtiliter punctatis.* Long.: $9^{1}/_{2} - 11$ mm.
Patria: In monte Baldo.

Amara graja nob. n. sp.: *Breviuscula, brunnea, plus minusve picescens, supra aeneo micans, antennis, palpis, pedibusque rufo-testaceis; capite crassiusculo, oculis semiglobosis, vertice punctato, seta supraorbitali unica instructo, antennis brevibus, prothoracis basin vix pertingentibus; pronoto subquadrato, convexo, ante medium latissimo, retrorsum paulo magis quam antrorsum angustato, ante angulos posticos sinuato, dense fortiterque, disco parce subtiliusque punctato, impressionibus basalibus paulo profundis, plica juxta-angulari nulla, angulis posticis setigeris; elytris capite thoraceque simul sumptis circa dimidio longioribus, convexis, humeris angulos posticos prothoracis paulo superantibus, profunde striatis, striis fortiter punctatis, interstitiis convexis; episternis prosterni disperse grosseque punctatis, processu prothoracis intercoxali apice immarginato, episternis metathoracis brevibus, latitudine marginis anterioris paulo longioribus, ut latera segmentorum ventralium fortiter punctatis, segmento anali in ♂ utrinque seta unica, in ♀ duabus instructo; pedibus sat gracilibus, tibiis mediis ♂ tuberculis paucis munitis.* Long.: $7^{1}/_{2} - 9$ mm.
Patria: In alpibus grajis.

Amara psyllocephala nob. n. sp.: *Cum specie praecedente colore formaque corporis congruens sed statura paullo minore, vertice lateribusque prothoracis impunctatis et praecipue punctis duobus supraorbitalibus distinguenda, quibus Amarae nobili Duft. affinis, sed ab ea forma elongata, punctura sub-*

tili prothoracis, striis elytrorum fortius punctatis et interstitiis convexioribus differt. Long.: 7—8½ mm.

Patria: In alpibus maritimis.

Übersicht der Arten:

Episternen der Vorderbrust glatt, Halsschild vor den Hinterwinkeln nicht oder schwach ausgeschweift und nur an der Basis dicht und ziemlich kräftig, am Vorderrand und längs der Seitenränder nicht oder schwächer punktirt, Scheitel stets glatt, Mitteltibien der ♂♂ an der Innenseite mit 1—2 kräftigen Zähnchen. Grosse Arten: 9½—12 mm.:   I. Gruppe.

1″ Halsschild mit Postangularseta.
 2″ Stirn mit zwei Supraorbitalpunkten, Halsschild mit Marginalborste, Episternen der Hinterbrust viel länger als am Vorderrande breit. Caucasus . . *calathoides* Putz.
 2′ Stirn mit einem Supraorbitalpunkt, Halsschildmarginalborste fehlt, Episternen der Hinterbrust so lang als am Vorderrande breit. Lombardei, Tirol, Kärnthen
             alpestris Villa
1′ Halsschild ohne Postangular- und Marginalseta. M. Baldo
             baldenis n. sp.

Episternen der Vorderbrust grob punktirt, Halsschild vor den Hinterwinkeln stark ausgeschweift, meist im ganzen Umkreis, oft auch auf dem Diskus punktirt, normal mit Marginalborste:
            II. Gruppe.

1″ Mitteltibien der ♂♂ innen mit 1—2 scharfen Zähnchen, Stirn mit einem Supraorbitalpunkt. Grössere Art: 9½—10½ mm. Kärnthen . . . . *spectabilis* Schaum.
1′ Mitteltibien der ♂♂ innen nur mit einigen kleinen Höckerchen. Kleinere Arten: 7—9,5 mm.
 2″ Stirn mit einem Supraorbitalpunkt, Scheitel punktirt.
  3″ Halsschild ohne Postangularseta, äusserer Basaleindruck desselben nach aussen durch ein Fältchen begrenzt. Gestrecktere, flachere Art aus dem Monte Rosa-Gebiet
             cardui Dej.
  3′ Halsschild mit Postangularseta, äusserer Basaleindruck desselben nach aussen verflacht. Kürzere, gewölbtere Art aus den grajschen Alpen . . . . . *graja* n. sp.
 2′ Stirn mit zwei Supraorbitalpunkten, Halsschild mit Postangularseta, Scheitel glatt oder höchstens undeutlich punktirt.

4" Äusserer Basaleindruck des Halsschilds nach aussen verflacht, dieses weniger breit und längs der Seitenränder nicht oder kaum punktirt, Flügeldecken gestreckter mit stark punktirten Streifen und gewölbten Zwischenräumen. Schlankere Art aus den Seealpen und dem ligurischen Apeninn. . . . . . . *psyllocephala* n. *sp*.

4' Innerhalb der Halsschildhinterwinkel ein deutliches Fältchen, Halsschild stark quer, fast auf der ganzen Fläche punktirt, Flügeldecken sehr kurz mit viel feiner punktirten Streifen und ganz flachen Zwischenräumen. Sehr gedrungene, stark gewölbte Art aus den österreichischen und steierischen Alpen . . . . . . *nobilis* Duftschm.

Amara calathoides Putz. Wir kennen zwei übereinstimmende ♀♀ dieser Art, das eine, Putzeys' Type, im Brüsseler Museum, das zweite in Reitters Sammlung. Beide tragen die Etiquette „Kaukasus, Leder" und stammen vermutlich aus Swanetien. Neben den in der Übersichtstabelle angegebenen Merkmalen unterscheidet sich *calathoides* habituell von *alpestris* durch flachere Gestalt, kleineren Kopf und schmäleres Halsschild. Die Vorderwinkel des letzteren sind spitzer ausgezogen und etwas aufgebogen, die Seiten vor den Hinterwinkeln leicht, aber breit ausgeschweift, die Punktur an der Basis kräftiger. Die Streifen der Flügeldecken sind etwas tiefer und merklich gröber punktirt, die Marginalpunkte weniger zahlreich.

Amara alpestris Villa ist aus der Lombardei beschrieben, doch über Judicarien und die Süddolomiten bis nach Kärnthen verbreitet. Die lombardischen Stücke, die als die Grundform betrachtet werden müssen, zeichnen sich besonders durch breites, an den Seiten bis zu den Hinterwinkeln gleichmässig stark gerundetes, vor der Basis schwach punktirtes Halsschild aus. In einzelnen Fällen sind die Hinterwinkel als kleine Zähnchen abgesetzt. Die Streifen der Flügeldecken sind seicht und in der Regel schwach oder undeutlich punktirt, die Zwischenräume flach. Solche typische, kräftig gedrungene, breite Stücke sammelten wir auf dem Monte Grigna und dem Monte Legnone in den Bergamasker Alpen. Bei den etwas schwächer gebauten Individuen aus dem Val Sorino und von der Cima Tombea in Judicarien sind die Seiten des Halsschildes vor den Hinterwinkeln nicht selten kurz ausgeschweift.

Eine in den lessinischen Alpen heimische, schlankere Form (var. *pasubiana* nob.) unterscheidet sich von der Stammform durch weniger breites, nach rückwärts mehr geradlinig verengtes Halsschild, die Basis desselben ist kräftiger und dichter punktirt, die Punktur verbreitet sich meist auch über den Seiten- und Vorderrand, die Streifen der Flügeldecken sind tiefer, stärker punktirt, die Zwischenräume gewölbter. Von uns auf dem Monte Pasubio, dem Col Santo und der Cima Posta in den lessinischen Dolomiten gesammelt. Sehr bemerkenswert ist eine auf dem Passo di Rolle in den cadorischen Dolomiten vorkommende, etwas flachere, im übrigen habituell mit *pasubiana* übereinstimmende Rasse, die sich durch das sehr constante Auftreten eines zweiten, ausserhalb neben dem primären entspringenden Scutellarstreifens auszeichnet *(var. dolomitana nob.)*. Ferner nimmt der Nahtstreifen nicht den normalen Verlauf, sondern mündet nach vorn in den Scutellarstrich, während sein innerhalb des zweiten Streifens entspringender Basalteil nach kurzem Verlauf abbricht. Das Halsschild ist hinter dem Vorderrand und längs der Seitenränder meist nur schwach punktirt, die Sculptur der Flügeldecken ähnlich wie bei der Stammform. Ein einzelnes ♀, das die Eigentümlichkeiten dieser Rasse sehr ausgeprägt zeigt, sammelten wir auf dem Obir in den Karawanken.

Amara helopioides Heer, wie bereits festgestellt mit *alpestris* synonym, gehört der Stammform an *(ex typo!)*.

Amara baldensis nob. n. sp. *(alpestris* Schaum *nec* Villa), der *A. alpestris var. pasubiana* äusserst ähnlich, aber durch das constante Fehlen der Postangularseta des Halsschildes spezifisch verschieden. Die Punktur des letzteren ist meist auf die Basis beschränkt, die Streifen der Flügeldecken seicht, schwach punktirt. Bis jetzt nur vom Monte Baldo bekannt.

Amara spectabilis Schaum. Sie eröffnet die Reihe derjenigen Arten, welche sich von den vorhergehend besprochenen durch mehr oder weniger kräftig punktirte Episternen der Vorderbrust unterscheiden. Obwohl mit diesem Merkmal die Ausdehnung der Punktur auf dem Halsschild im allgemeinen korrespondirt, so gestattet die primäre Anwendung desselben doch eine natürlichere Gruppirung der Arten, da im andern Falle eine unzweifelhaft der zweiten Gruppe angehörige Art in die erste Gruppe eingereiht werden müsste.

Amara graja nob. *n. sp.* vertritt die nur auf das Gebiet des Monte Rosa beschränkte *A cardui* Dej. in den grajischen Alpen und scheint dort ziemlich verbreitet zu sein.

Amara psyllocephala nob. *n. sp.* die einzige westalpine, durch das Auftreten von zwei Supraorbitalpunkten ausgezeichnete Art, habituell der *A. graja* am nächsten stehend, aber durchschnittlich kleiner, Kopf und Seiten des Halsschildes unpunktirt. Von uns in den Seealpen gesammelt (Val Valasca, Passo d' Appetto, Colla lunga). Ein Individuum vom Piz d' Ormea im ligurischen Apennin (Prof. Fiori), findet sich auch in den französischen Seealpen, gehört also der „Faune gallo-rhenane" an!

V.
Otiorhynchus-Studien.

1. Über *Otiorhynchus costipennis* Roshr. und seine nächsten Verwandten.

Otiorhynchus costipennis wurde von Rosenhauer nach bayerischen, von ihm selbst auf einer Hochalpe bei Berchtesgaden gesammelten Stücken beschrieben*), wobei der Autor noch ein mit denselben übereinstimmendes, siebenbürgisches, von Prof. Fuss stammendes Exemplar erwähnt. Zwei uns vorliegende Stücke des Wiener Hofmuseums, von R. Starke auf dem „Steinernen Meer" bei Berchtesgaden gesammelt, entsprechen in allen wesentlichen Punkten der Originalbeschreibung. Hieher gehören ferner unzweifelhaft eine grössere Anzahl ostalpiner, fast ausschliesslich als *Troyeri* Strl. bezeichneter Exemplare:

Wiener Hofmuseum: Hochschwab (Krauss), Admonter Alpen (Strobl), Pyhrgass, Natterriegl und Hoch-Zinödl (Pinker), Gesäuse-Alpe (Ganglbauer).
Bosn.-herzegov. Landesmuseum: Oetscher, N.-Österr. (Birnbacher).
K. Ung. Nationalmuseum: Tirol.
Mus. v. Heyden: Dullwitz.
Mus. Spaeth: Warscheneck.

Wir selbst sammelten die Rosenhauer'sche Art in typischen Stücken auf dem Hafelekar bei Innsbruck, nachdem wir durch ein uns von Herrn Prof. Speiser früher mitgeteiltes Exemplar derselben Provenienz auf diese Fundstelle aufmerksam gemacht worden waren. Die westlichste uns bekannt gewordene Lokalität ist das Nebelhorn bei Oberstorf in den Algäuer Alpen (Strasser).

O. costipennis Roshr. ist von allen Verwandten dadurch ausgezeichnet, dass die Bekleidung der Flügeldecken nur aus dünnen, zum Teil glanzlosen, zum Teil metallischen, anliegenden Härchen besteht, während sie bei den übrigen Arten aus breiten, ovalen

---

*) Rosenhauer, Die Tiere Andalusiens (1856) p. 264.

Schüppchen gebildet ist. Charakteristisch ist ferner für diese Art der auffallend plumpe, dick konische Kopf mit den kleinen stark seitlich gerückten, nur als Knöpfchen vortretenden Augen. Eine weitere Eigentümlichkeit, auf die bisher ebenfalls nicht hingewiesen wurde, besteht in dem Auftreten zweier Dickenmaxima am Fühlerschaft. Bei fast allen Arten nehmen die Fühler von der Basis zur Spitze continuirlich an Stärke zu. Bei *costipennis* findet die Verdickung unmittelbar an der Basis statt, normal folgt dann gegen die Mitte eine leichte Verengung und hierauf wieder Verstärkung gegen die Spitze, oder der plumpe Schaft ist seiner ganzen Länge nach gleich dick.

Identisch mit *O. costipennis* Roshr. ist *O. Troyeri* Strl.*) aus Croatien, von dem uns ein Originalexemplar durch die Freundlichkeit des Autors zur Verfügung stand.

Nach unserer bisherigen Erfahrung scheint *O. costipennis* Roshr. auf Nordtirol, Südbayern, die Ostalpen und Croatien beschränkt zu sein. Transsylvanische Stücke konnten wir trotz eingehender Nachforschungen von keiner Seite erhalten. Die Art fehlt auch unter Fuss' Sammlungsmaterial, dessen Benützung wir der Güte des Herrn Direktors Dr. v. Horvath verdanken. Die Angaben der neuesten Handbücher**) lassen indes zweifellos erkennen, dass der Rosenhauer'sche Name einer ausschliesslich transsylvanischen Art beigelegt wird. Die Revision des uns zur Verfügung gestellten Materials hat denn auch, wie vorauszusehen war, gezeigt, dass sich die Praxis thatsächlich für die erwähnte Deutung der Rosenhauer'schen Art im Sinne Stierlins und Seidlitz' entschieden hat, während die alpine Art fast allgemein als *O. Troyeri* Strl. bezeichnet wird. Da jedoch an dem untersuchten, reichlichen Material mit Sicherheit festzustellen ist, dass der ächte *O. costipennis* Roshr. von dem transsylvanischen *costipennis auct.* spezifisch scharf unterschieden werden kann, so muss letzterer neu benannt werden (*O. dacicus nob.*).

Es bleibt nun noch die Frage offen: Kommt *O. costipennis* Roshr. überhaupt in Siebenbürgen vor oder liegt der Rosenhauer'schen Angabe eine Täuschung zu Grunde? Das Material zur Lösung dieser Frage verdanken wir Herrn Deubel in Kronstadt,

---

*) Dr. Stierlin, Bestimmungstabellen der europ. Coleopt. IX. (1883) pag. 62. (Sofern nichts Besonderes bemerkt, beziehen sich die im folgenden angegebenen, auf Stierlin'sche Arbeiten bezüglichen Litteraturcitate, desgleichen die Nummerirung der Rotten auf die zweite Revision.)

**) Stierlin, l. c. pag. 63. Fundort: Siebenbürgen.

Seidlitz, Fauna transsylvanica p. 621: Augen kaum mehr als um den doppelten Durchmesser von einander entfernt.

dessen reichhaltige transsylvanische *Otiorhynchus*-Ausbeute wir zur Bearbeitung übernommen hatten. Unter vielem anderem Interessantem enthielt dieselbe auch ein Exemplar einer Art, die wir zunächst auf *O. costipennis* Roshr. bezogen, bei genauerer Untersuchung liess sich indes feststellen, dass eine verwandte, selbständige Spezies (*O. aratus* nob.) vorlag. Ferner fanden sich unter Deubels Material noch vier Stücke einer anderen, ausgezeichneten, ebenfalls hier einzureihenden Art (*O. cosmopterus* nob.).

Otiorhynchus aratus nob. n. sp., ♂: *Oblongo-ovatus, nigro-piceus, parce pubescens, squamulis submicantibus sparsus; capite lato, valido, oculis valde distantibus et paulo prominulis, fronte lata, ante basin rostri transversim impressa, hoc crasso, a capite vix interrupto, medio carinulato et plus minusve bicanaliculato, pterygiis valde expressis, antennis fortibus, scapo apicem versus gradatim incrassato, marginem anteriorem prothoracis pertingente, articulo funiculi secundo primo paulo longiore, sequentibus globosis; prothorace longitudine vix latiore, ante medium latissimo, modice granulato, haud sulcato, elytris fortiter punctato-striatis, interstitiis imparibus costiformibus, squamulis maculas formantibus ellipticis, segmentis primis ventralibus leniter ruguloso-granulatis; pedibus gracilibus, femoribus muticis.* Long.: $5^{1}/_{2}$—$6^{1}/_{2}$ mm.

Patria: *Transsylvania.*

Dem *O. costipennis* Roshr. am nächsten stehend und durch die Neigung zu einer ähnlichen Entwicklung des Kopfes, wie oben für diese Art erwähnt, ausgezeichnet, doch kommt infolge stärkerer Verengung des etwas längeren Rüssels, des deutlicheren seitlichen Vortretens der Pterygien und der dadurch hervorgerufenen Gliederung die für *costipennis* charakteristische Unförmlichkeit des Kopfes weniger zum Ausdruck. Die Oberfläche des letzteren und des Rüssels fällt seitlich etwas weniger steil ab, so dass die ziemlich verflachten Augen von oben in grösserer Ausdehnung sichtbar sind, während sie bei *costipennis* dadurch, dass sie mehr seitlich gerückt und von oben fast rein im Profil sichtbar sind, kleiner erscheinen und als abgeflachte Knöpfchen vorragen. Die stärkere Verschmälerung des Rüssels nach vorn bedingt auch den geringeren Abstand der Fühlerwurzeln im Verhältnis zur Stirnbreite. Sehr auffallend ist eine tiefe, sattelförmige Quereinsenkung an der Rüsselbasis. Ein wichtiges Unterscheidungsmerkmal bietet die Form der Schuppen, namentlich derjenigen, die sich an der Bildung der glänzenden Fleckenzeichnung auf den Flügeldecken beteiligen. Sie sind bei *costipennis*, wie bereits erwähnt, durchwegs haarförmig, die Bekleidung des *aratus* besteht indes aus wirklichen, breiten, elliptischen Schüppchen. Die Fühler sind etwas schlanker, das erste Glied etwas mehr gestreckt, der Schaft an der Basis kaum verdickt, die Flügeldecken kürzer, die Börstchen auf dem abfallenden Teile des Rückens mehr anliegend, die ersten Ventralsegmente schwach runzlig granulirt, Analsegment mit flachem Eindruck; Beine, namentlig die Tarsen schlauker.

Ein ♂, von Herrn Deubel im Rosenauer Gebirge in Siebenbürgen gesammelt und uns freundlichst überlassen. Zwei weitere ♂ ♂ vom Buczes (Ganglbauer), das eine im Wiener Hofmuseum, das zweite im bosnisch-herzegovinischen Landesmuseum.

Sollte, was wir für wahrscheinlich halten, *O. costipennis* Roshr. für Siebenbürgen nicht nachgewiesen werden können, so ist die Vermutung sehr naheliegend, dass Rosenhauers *costipennis* transsylvanischer Herkunft mit der eben beschriebenen Art identisch ist.

Otiorhynchus cosmopterus nob. n. sp.: *Breviter ellipticus, piceus, squamulis aeneo-micantibus maculatim dispositis ornatus; capite elongato, conico, oculis totaliter applanatis et magis distantibus, fronte lata, rostro sulcato in fundo sulci subtiliter carinato, pterygiis fortiter expressis, scrobibus brevibus, retrorsum paulo continuatis, antennis longis sed satis validis, scapo radicem versus haud attenuato, marginem anteriorem prothoracis superante, funiculi articulo secundo primo paullulo longiore, ceteris globosis; prothorace longitudine aequilato, ante medium latissimo, fortissime granulato; elytris in ♂ disco subdeplanatis, in ♀ aequaliter convexis, profunde foveolato-striatis, foveolis interstitiis latioribus et pupillatis, intervallis alternis elevatioribus et setulis teneris seriatim instructis, squamulis ad maculas condensatis ovalibus, segmentis ventralibus primis in utroque sexu conformiter sculpturatis, leviter ruguloso-granulatis; pedibus gracilibus, femoribus muticis. Long.: 6—7 mm.*
Patria: Transsylvania.

Auch bei dieser Art ist der Kopf nach dem *costipennis*-Typus gebaut, conisch, doch viel weniger plump, schmäler und länger. Besonders ausgezeichnet ist diese Spezies durch vollkommen verflachte Augen und den gefurchten Rüssel, wodurch auch die sonst nicht zu übersehenden Beziehungen derselben zu den Arten der *foraminosus*-Gruppe noch deutlicher hervortreten; doch ist die Fühlerfurche nach rückwärts nur sehr wenig verlängert, die abwechselnden Flügeldeckenzwischenräume sind deutlich kielförmig erhaben und die Beborstung derselben kürzer und weniger aufgerichtet. *O. foraminosus* und *alpestris* sind ausserdem unbeschuppt, *distincticornis* und *lombardus* durch die bekannte Auszeichnung der Fühlergeissel leicht zu unterscheiden. *O. Kühnbergi* mit ebenfalls ganz verflachten Augen besitzt stumpfgezähnte Mittel- und Hinterschenkel, viel schlankere Fühler und ungefurchten Rüssel. Der neuen Art eigentümlich ist die wenigstens bei den ♂ ♂ sehr ausgeprägte, gitterförmige Sculptur der Flügeldecken, dadurch hervorgerufen, dass die tiefen groben Punkte der Streifen durch Brücken von der annähernden Breite der schmalen Zwischenräume getrennt sind. *O. costipennis* und *aratus* unterscheiden sich gemeinschaftlich von *cosmopterus* durch viel plumperen Kopf, mehr oder weniger gewölbte Augen und ungefurchten Rüssel, *costipennis* ausserdem noch durch die haarförmige Beschuppung der Flügeldecken.

Zwei Pärchen dieser leicht kenntlichen Art wurden von Herrn Deubel im Zernester Gebirge in Siebenbürgen gesammelt, hievon ein ♂ ♀ uns freundlichst dedicirt.

2. Otiorhynchus costipennis auct. (dacicus nob.) und antennatus Strl.

Diese beiden ausschliesslich transsylvanischen Arten unterscheiden sich scharf von den oben besprochenen durch eine Geschlechtsauszeichnung auf den ersten Ventralsegmenten der ♂ ♂. Während die Sculptur dieser Körperteile bei *costipennis*, *aratus* und *cosmopterus* in beiden Geschlechtern gleichartig ist, gerunzelt oder schwach gekörnt, bemerken wir bei den ♂ ♂ des *dacicus* und *antennatus* das Auftreten grosser, länglicher, glatter Beulen, die bei den ♀ ♀ normal ganz fehlen und nur in seltenen Ausnahmsfällen als kleine Knöpfchen angedeutet sind. Bei beiden Arten ist ferner der Rüssel entweder vom Kopf deutlich abgesetzt, oder eine ähnliche Configuration wird scheinbar dadurch hervorgerufen, dass die mehr oberständigen Augen halbkugelförmig aus dem Kopf heraustreten, während der Rüssel sich von der Basis ab rascher verengt. Weder mit *costipennis* noch mit *cosmopterus* ist in dieser Hinsicht eine Verwechslung zu befürchten, dagegen dürften sich bei Vergleichung reichlicheren Materials Stücke von *aratus* finden, durch die der Wert dieses Trennungsmerkmales beeinträchtigt oder in Frage gestellt werden könnte. Die Schuppen der Flügeldecken sind bei *dacicus* und *antennatus* stets deutlich oval oder elliptisch, wodurch sich die beiden Arten scharf von *costipennis* unterscheiden. Der Fühlerschaft verstärkt sich allmählich von der Basis zur Spitze, Anlagen zu einer basalen Verdickung haben wir nie beobachtet. Bei beiden Arten kommen Individuen mit nach aussen oft beträchtlich verstärkter Fühlergeissel vor.

Die Unterscheidung der beiden Arten unter sich bietet bei typischen Stücken keine Schwierigkeit, doch variiren dieselben, namentlich *antennatus* so beträchtlich, dass es selbst dem Geübten manchmal schwer fällt, eine sichere Entscheidung zu treffen, immerhin dürften folgende Angaben zur Erledigung der meisten Fälle genügen. Der in der Regel bedeutend grössere *antennatus* ist besonders dadurch gekennzeichnet, dass die Fühlergeissel als Folge der geringen Differenzirung des zweiten Gliedes von den benachbarten fast stets die Neigung zur perlschnurförmigen Ausbildung erkennen lässt. In den allerdings seltenen, extremen Fällen ist das zweite Glied vom ersten und dritten kaum an Länge verschieden, fast knopfförmig, in der Regel übertrifft es dieselben um die Hälfte. Bei *dacicus* ist das zweite Geisselglied schlank, doppelt so lang als das meist kugelige dritte Glied. Die Stirne ist bei demselben schmäler, der Rüssel bis zur Fühlerwurzel in der Regel mehr parallelseitig, die Flügeldecken der ♂ ♂ sind nach rückwärts rascher verengt, etwas abgestutzt und dadurch kürzer erscheinend, die ♀ ♀ mehr verlängt und stark gewölbt. Die von uns verglichenen *antennatus* ♀ ♀ besitzen fast kreisrunden Flügeldeckenumriss und sind auf dem Rücken flachgedrückt.

Während *O. dacicus* im Allgemeinen weniger zur Abänderung geneigt ist, sowohl was Grösse, als Gestalt und Beschuppung betrifft, ist *antennatus*, wie bereits erwähnt, eine variable Art in jeder Beziehung. Am constantesten sind die für die Fühlergeissel angegebenen Unterschiede. Auch die Gestalt des Rüssels und die Stirnbreite können in vielen Fällen über die Art Aufschluss geben oder mitbestimmend wirken. Ganz erheblich erschwert wird die Unterscheidung noch durch das Auftreten einer in ihren typischen Formen wohl charakterisirbaren Rasse, welche uns vom Negoi, Bulla-See, Paringel und Vale Domni vorliegt und auf die unzweifelhaft Stierlins var. *Rosenhaueri* bezogen werden muss. Das vom Autor hervorgehobene Fehlen der stärker erhabenen Rippen scheint uns weniger auffallend, als die viel weniger gedrungene Gestalt. Die Flüdeldecken der ♂ ♂ sind mehr verlängt, die der ♀ ♀ an den Seiten nur schwach gerundet, oft fast walzenförmig. Alle von uns verglichenen Stücke sind vollkommen unbeschuppt. Die Augen treten meist halbkugelförmig aus dem Kopf hervor, an der Rüsselbasis befindet sich eine mehr oder weniger tief eingedrückte Querfurche. Die Fühler sind kräftig, im Allgemeinen denen des *antennatus* ähnlich, doch mit ausgesprochener Neigung zur Verlängerung des zweiten Gliedes. *O. dacicus*, dem er sich dadurch nähert, ist indes stets reichlich beschuppt, seine Flügeldecken sind kürzer und die Stirne schmäler.

3. Kritische Bemerkungen zu Dr. Stierlins 16. Rotte.

Das von Dr. Stierlin zur Charakterisirung seiner 16. Rotte benützte Merkmal ist, wie sich an einer Reihe von Fällen [*]) feststellen lässt, kaum zur Artentrennung constant genug, andererseits eignet sich dasselbe nicht zur Anwendung auf ein grösseres Artenmaterial, da die daraus hervorgehende Gruppe, wie ein Blick auf die Zusammensetzung der 16. Rotte lehrt, einen Anspruch auf Natürlichkeit nicht erheben kann. Die Zergliederung bezw. vollständige Auflösung derselben und insbesondere die Unterbringung der auszuscheidenden oder neu zu gruppirenden Arten dürfte nur in Verbindung mit einer gründlichen Revision der ganzen ersten Section mit Aussicht auf Erfolg unternommen werden, immerhin halten wir es für nützlich, schon jetzt auf eine Reihe von Gesichtspunkten aufmerksam zu machen, die bei einer solchen Neubearbeitung Berücksichtigung finden können.

O. costipennis Strl., auct., nec Roshr. = *dacicus* nob. unterscheidet sich gemeinschaftlich mit *antennatus* Strl. von allen übrigen Arten durch die oben beschriebene Geschlechtsauszeichnung auf den ersten Ventralsegmenten der ♂♂.

O. costipennis Roshr. stellt bezüglich der Kopfbildung den Typus für eine Gruppe teils beschuppter (*aratus* nob., *cosmopterus* nob., *Chaudoiri* Hochh., *quadratopunctatus* Strl.), teils unbeschuppter Arten (*validicornis* nob., *Mülleri* Roshr., *obtusoides* Strl., *pigrans* Strl.) dar, welch' ersteren auch *O. Bohemanni* Strl. mit nur sehr schwach vom Kopf abgesetztem Rüssel angeschlossen werden kann.

O. Chaudoiri Hochh., aus dem Kaukasus beschrieben (Latpari-Pass, Swanetien, Dieck; Lomis Mta, 7000', König), unterscheidet sich von *costipennis* leicht durch die viel schlankeren Fühler, deren Schaft von der Basis zur Spitze allmählich verdickt ist. Die abwechselnden Zwischenräume sind scharf kielförmig erhaben und tragen eine dichtere Reihe mehr aufgerichteter, längerer Börstchen, die Schulterecken überragen ähnlich wie bei *porcatus*, nur weniger auffallend, die Hinterecken des Halsschildes ziemlich beträchtlich, die Flecken bestehen aus ovalen, nicht haarförmigen Schuppen, die Rüsselfurche ist bei den von uns untersuchten Stücken sehr wenig ausgeprägt.

O. quadratopunctatus Strl., von dem uns ein typisches Stück (♀, Swanetien, coll. Rttr.) vorliegt, verhält sich bezüglich der Kopfbildung zu *Chaudoiri*, wie *aratus* zu *costipennis*. Derselbe ist übrigens mit *obtusus*, mit dem ihn der Autor vergleicht, wenig verwandt und von demselben schon durch den kurzen, plumpen, ungefurchten Rüssel gut unterschieden. Bei dem von uns untersuchten Stück fällt besonders die im Verhältnis zum Halsschild bedeutende Schulterbreite auf. Fühlerschaft von der Basis zur Spitze gleichmässig verdickt, Schüppchen oval.

---

*) So bei *O. validicornis*, *subcostatus*, *proximus*, *antennatus*, *obtusus*, *maurus* etc.

O. obtusoides Strl., von dem uns das einzige bekannte Stück (♂) aus der Sammlung des Herrn Schulrats Dr. Egid Schreiber in Görz zur Vergleichung vorlag, ist der nächste Verwandte des *O. Mülleri* und von diesem durch bedeutendere Grösse, längeres Halsschild, dessen grösste Breite vor der Mitte liegt, und kräftigere Fühler unterschieden. Der Kopf ist genau wie bei *Mülleri* gestaltet, der Rüssel etwas länger, der Fühlerschaft ebenfalls unmittelbar an der Basis verstärkt, bis zur Spitze gleich dick, das erste Geisselglied kürzer, etwa von $^2/_3$ der Länge des zweiten, die abwechselnden Zwischenräume der Flügeldecken kaum merklich erhabener. Von *validicornis* durch ganz andere Gliederung der Fühlergeissel, von *pigrans* durch viel feiner gekörntes und längeres Halsschild verschieden.

O. Bohemanni Strl., von dem uns eine Anzahl von Exemplaren, sämmtliche von Merkl am Rhilo-Dagh gesammelt, vorliegt, ist durch eine scharf eingegrabene, nach rückwärts konvex gekrümmte Querfurche an der Basis des Rüssels ausgezeichnet. Bei *aratus* ist dieselbe weniger scharf begrenzt. Die Fundortsangabe „Caucasus" beruht nach brieflicher Mitteilung des Autors auf einem Irrtum.

O. scaber L. *(septentrionis* Hrbst) bildet mit *subcostatus* Strl. und *azaleae* Pcke. eine durch stark genäherte Augen gut charakterisirte Gruppe, die durch eine neue, weiter unten beschriebene Art vermehrt wird und der auch *Ot. venustus* Strl. und *hypocrita* Roshr. angeschlossen werden muss.

O. proximus Strl., der in den meisten Fällen vollständig gleichmässig gewölbte Flügeldeckenzwischenräume besitzt und wie auch andere Arten nur ausnahmsweise mit alternirend erhabeneren Interstitien vorkommt, ist nur mit *O. globulus* Grdlr. und *tatricus* Rttr. verwandt, mit letzterem sogar wahrscheinlich identisch. Hieher auch der durch die regelmässigen Reihen weisser Spatelbörstchen sehr ausgezeichnete *O. hypsibatus* Gglbr. und eine auf dem Buczes, Negoi und im Rosenauergebirge vorkommende neue Art *(O. carpathicus* nob.), die sich von *proximus* durch gestrecktere Flügeldecken und meist auch rauhere Beborstung unterscheidet, im übrigen aber von demselben äusserlich kaum differirt. Für die spezifische Abgrenzung bestimmend ist die Gestalt des Forceps, bei *carpathicus* von der Basis zur Spitze gleichmässig verengt, bei *proximus* bis kurz vor die Spitze parallel, dann rasch zugespitzt, der verengte Teil ein gleichseitiges Dreieck bildend. Die aus den aufgeführten Arten gebildete Verwandtschaftsgruppe ist durch das Breitenverhältnis zwischen Stirn und Rüssel incl. Pterygien, letzterer schmäler oder höchstens so breit wie der Abstand der Augeninnenränder, gut gekennzeichnet.

O. Kühnbergi Strl. und *obtusus* auct. (Boh.?), ersterer durch ganz verflachte Augen, letzterer durch gefurchten Rüssel und walzenförmige oder lang-eiförmige Gestalt ausgezeichnet, besitzen schwach aber deutlich gezähnte Mittel- und Hinterschenkel, die vorderen lassen in der Regel nur ganz undeutliche Ansätze zur

Zahnbildung erkennen. Diese beiden Arten müssen daher ins Subgenus *Dorymerus* Sdltz. versetzt werden, eine Änderung, die die Natürlichkeit des Systems keineswegs beeinträchtigt, da *Kühnbergi* zwanglos als mit *Kollari* Germ., *obtusus* als mit *graniventris* Mill. verwandt, der 22. Rotte zugeteilt werden kann. Wir bemerken noch, dass alle von uns verglichenen O. *obtusus* aus der Tatra oder den Karpathen stammen und wahrscheinlich mit *graniventris*, von dem wir das typische Miller'sche Exemplar kennen, identisch sind. Illyrische Stücke von *obtusus* sind uns nicht bekannt geworden.

Schwieriger dürfte die Einreihung einer bosnischen Art, O. *Brandisi* Apflbk. (Fauna ins. balc. II. [1896] p. 8) mit ebenfalls winkelig erweiterten Schenkeln, fallen. Er stellt eine unverkennbare Übergangsform zwischen O. *i. spe* und *Dorymerus* Sdltz. dar, zudem findet sich weder in der einen, noch in der anderen Untergattung eine Art, an die *Brandisi* unmittelbar angeschlossen werden könnte.

O. *styphloides* Strl , eine kleine, in der Form an O. *pseudomias* oder *Sequensi* erinnernde Art aus Konstantinopel, ist durch sehr kräftige Fühler, stark alternirend erhabene Zwischenräume der Flügeldecken und lange, spatelförmige Beborstung derselben gut charakterisirt und dürfte vorläufig am besten in der 11. Rotte untergebracht werden.

4. Neubeschreibungen.

Otiorhynchus Echidna nob. n. sp.: *Piceus, in elytris squamulis fulvo-griseis, piliformibus parce vestitus et setis longis, erectis obsitus; capite elongato, oculis convexis, rostro plano, a capite perspicue interrupto, ut in fronte indistincte longitudinaliter ruguloso et sulco laevi profunde insculpto, scrobibus oculos attingentibus, antennis sat gracilibus, scapo fere recto, marginem anteriorem prothoracis superante, articulo funiculi secundo primo vix, sed tertio duplo longiore, reliquis globosis; prothorace aeque longo ac lato (♂) vel paulo latiore (♀), lateribus rotundato, ante medium latissimo, regulariter fortiterque granulato; elytris ellipticis, profunde punctato-striatis, interstitiis striis haud latioribus, illis inaequaliter transverso-rugosis et uniseriatim setis longis, pallidis, erectis instructis; pedibus validis, femoribus incrassatis, muticis, tibiis anticis rectis.* Long.: $5^{1}/_{2}—6^{1}/_{2}$ mm.

Patria: *Aprutium Italiae centralis.*

O. *Echidna* ist habituell dem ebenfalls lang abstehend beborsteten O. *italicus* Strl. ähnlich, unterscheidet sich aber von

demselben durch viel längeren, schmal aber sehr scharf und glatt
gefurchten Rüssel, mehr seitlich gerückte Augen, daher grössere
Stirnbreite, und viel schmäleres, an den Seiten schwächer gerundetes,
oben nicht punktirtes, sondern grob gekörntes Halsschild; die beiden
ersten Fühlerglieder sind fast von gleicher Länge, bei *italicus* das
zweite um $^1/_4$ länger als das erste, die anliegende Behaarung
dichter, fast verfilzt, die Börstchen nicht so steil aufgerichtet.

Im Juli 1894 von Herrn Prof. Fiori auf dem Gran Sasso
d'Italia entdeckt.

Zum Vergleich lag uns ein vom Autor verglichenes Exemplar
des *O. italicus* Strl. (Coll. v. Heyden: Italia, Krieghoff) vor.

Otiorhynchus coniceps nob. n. sp.: *Piceus, elytris squamulis parvis metallescentibus ornatis; capite antrorsum valde conico-angustato, oculis totaliter applanatis, rostro et fronte sat dense ruguloso-punctatis, illo subtiliter carinato, interdum obsolete bicanaliculato, scrobibus retrorsum prolongatis, antennarum scapo recto, articulis funiculi duobus primis aeque longis, reliquis globosis; prothorace subquadrato (♂) vel longitudine distincte latiore et lateraliter fortius rotundato (♀), medio latissimo, subtiliter granulato, perspicue longitudinaliter canaliculato; elytris breviter ellipticis, convexis, basi utrinque angulos posticos prothoracis superantibus, postice abrupte declivibus, lateribus valde rotundatis, dense granulatis, squamulis minutis, tenuissimis, quasi piliformibus maculatim condensatis vestitis, in ♂ fortius, in ♀ leviter punctato-striatis, interstitiis setulis brevissimis suberectis instructis; femoribus muticis, tibiis anticis maris apicem versus intus curvatis.* Long.: $(5^1/_2—) 7^1/_2 — 8$ mm.

Patria: *Teriolis merid., Lombardia.*

O. coniceps Strl., ist in die 12. Stierlin'sche Rotte einzureihen und hier mit *Heeri*, der ebenfalls vollkommen verflachte Augen besitzt, am nächsten verwandt, unterscheidet sich aber von demselben durch kürzeren, ungefurchten Rüssel, viel kräftigere Fühler mit gleich langen Wurzel- und kugeligen äusseren Geisselgliedern, weniger verlängtes, seitlich schwächer gerundetes Halsschild und sehr gedrungene, kurz-elliptische, nach rückwärts steiler abfallende Flügeldecken, wodurch er in der Gestalt mehr an *maurus* Gyll. erinnert, von dem er sich aber leicht durch den konischen Kopf, die verlängerte Fühlerfurche, die feinkörnige Sculptur der Flügeldeckenzwischenräume und viel kleinere Schüppchen trennen lässt.

Von uns im Juli 1894 in Judicarien (Val Sorino, Cima Tombea) und anfangs Juni 1898 auf dem Monte Columbino in den Brescianer Bergen in der alpinen Region unter Steinen gesammelt. An letzterer Lokalität vorherrschend kleinere, zum Teil unter 6 mm messende Stücke.

Otiorhynchus sulcatellus nob. n. sp.: *Nigro-piceus, haud squamosus, capite elongato, conico, oculis magis distantibus, totaliter applanatis, rostro subtiliter sulcato, utrinque et persaepe etiam in fundo carinulato, scrobibus ante oculos obsoletis, antennis gracilibus, scapo recto, basin versus haud attenuato, articulo funiculi primo brevi, latitudine vix duplo latiore, secundo primo sesquilongiore, ceteris globosis; prothorace longitudine aequilato (♂) vel paulo breviore (♀), ante medium latissimo, lateribus leviter rotundato, inaequaliter fortiterque granulato et plus minusve longitudinaliter sulcato; elytris breviter ellipticis, in ♀ in dorso subdepressis, retrorsum abrupte declivibus, basi margine posteriore prothoracis aequilatis, fortiter foveolato striatis, striis interstitiis multo latioribus, his angustis, costiformibus, granulatis et setulis brevissimis, apice dilatatis uniseriatim obsitis; pedibus gracilibus, femoribus inermibus, tibiis anterioribus in ♂ ante apicem intus curvatis, in ♀ rectis.* Long.: 5—7 mm.
Patria: Teriolis merid., Lombardia.

Als mit *O. foraminosus* Boh. verwandt in die 13. Stierlinsche Rotte einzureihen und von dieser Art nach folgenden Angaben leicht zu trennen: Kopf und Rüssel sind bei *sulcatellus* viel länger und schmäler, die Rüsselfurche seichter und nach rückwärts weniger verlängert, Fühler, wie die Beine, bedeutend schlanker, das zweite Geisselglied viel länger als das erste, das Halsschild an den Seiten weniger gerundet, auch etwas weniger breit. Die Flügeldecken sind etwas mehr verlängt, kurz vor der Basis leicht eingeschnürt, so dass die Schulterwinkel etwas spitz vorgezogen erscheinen, ihr Abstand kaum grösser als die Basalbreite des Halsschildes. Bei *foraminosus* ist der Seitenrand bis zur Schulterecke, die den Hinterwinkel des Thorax sehr deutlich überragt, gleichmässig gerundet. Die bei letzterer Art durchwegs rauhe und abstehende Beborstung der Flügeldecken, Beine und Fühler ist bei *sulcatellus* viel zarter und insbesondere auf ersteren auffallend kürzer und kaum aufgerichtet.

In Gesellschaft der vorher beschriebenen Art an denselben Fundplätzen, ausserdem im Val Danerba und auf der Cima di Casinelle in Judicarien.

Otiorhynchus articulatus nob. n. sp.: *Robustus, nigropiceus, haud squamosus, sat dense suberecte setosus; capite crassiusculo, subconico, oculis parvis, paulo convexis et magis*

*distantibus, fronte lata, rostro valido, a capite haud interrupto,
antrorsum paulo angustato, basis latitudine dimidio longiore,
subtiliter carinato et ut in fronte longitudinaliter strigoso, scrobibus retrorsum prolongatis, frontem versus directis, antennis
validis, scapo crasso, radicem versus haud attenuato, articulo
funiculi primo brevi, latitudine dimidio longiore, secundo perspicue
incrassato et primo quadrante longiore, sequentibus, tertio oblongo
excepto, globosis; prothorace aeque longo ac lato, lateribus paulo
rotundato, medio latissimo, antice posticeque recte truncato, fortiter
umbilicato-granulato; elytris ellipticis, basin margine postico
prothoracis paulo latioribus, lateribus modice rotundatis, postice
abrupte declivibus, striis fortiter denseque punctatis, interstitiorum
latitudine aequalibus, his planis, subtiliter granulatis et pluri-
seriatim suberecte setosis; femoribus muticis.* Long.: $5\,^1/_4$—6 mm.
Patria: Lombardia.

Der Verlauf der Fühlerfurche und die Gliederung der Geissel
bedingen die Einreihung dieser Art in die 13. Stierlin'sche
Rotte als mit *distincticornis* Rosbr. und *lombardus* Strl. verwandt,
denen sie auch habituell am nächsten steht. *O. articulatus* ist
indes eine unbeschuppte Art, die Verbreiterung des zweiten Fübler-
gliedes ist viel weniger auffallend, der Rüssel ist stärker gerunzelt,
die Augen sind weniger verflacht, die Beborstung, namentlich die
des Kopfes und der Beine ist insbesondere zum Unterschied von
distincticornis rauher und reichlicher, bezüglich der Deckensculptur
nähert sich die neue Art mehr der letzteren Art und unterscheidet
sich dadurch gemeinschaftlich mit derselben von *lombardus* mit seinen
schmalen, leistenartig gehobenen Zwischenräumen und den groben
Punkten in den Streifen. Der Fühlerschaft ist wie bei diesem seiner
ganzen Länge nach gleich dick, bei *distincticornis* zur Basis verjüngt.

Von Herrn Professor Fiori auf dem Mon Codeno in der
Lombardei entdeckt. Ein Stück von Herrn Apfelbeck ein-
gesandt (Esino, Pini).

Otiorhynchus Gredleri nob. n. sp.: *Breviusculus, piceus,
squamulis brunneis sat dense, dilutioribus sparsim intermixtis
vestitus; capite brevi, fronte diametro oculorum fere duplo latiore,
rostro plano, capite vix longiore, apicem versus sat fortiter am-
pliato, inter antennas fronte aequilato, oculis convexis, scrobibus
retrorsum prolongatis, antennis tenuibus, scapo leviter curvato,
in parte exteriore rude setoso, funiculi articulis duobus primis
inter se subaequalibus, exteriorioribus globosis; prothorace capite
fere aequilongo, longitudine paulo latiore, lateribus rotundato,*

fortiter granulato; elytris breviter ellipticis, prothorace dimidio latioribus, lateribus subrotundatis, in dorso paulo convexis, postice abrupte declivibus, striato-punctatis, punctis pupillatis, interstitiis setulis suberectis apice dilatatis seriatim instructis; femoribus muticis. Long.: 3,5—3,7 mm.

Patria: Teriolis meridionalis occidentalis

Die neue Art, die in der Form etwas an *uncinatus* Germ. erinnert, aber durch die kurzen, gegen die Spitze viel weniger verbreiterten Börstchen von demselben leicht zu trennen ist, gehört zur Verwandtschaft des *O. scaber* L. (*septentrionis* Hbst.) und unterscheidet sich von den bisher bekannt gewordenen Arten dieser Gruppe durch breitere Stirne, kürzeren Rüssel, stark gewölbte Augen und dunklere Beschuppung, von *scaber* ausserdem noch durch gleichmässig erhabene und beborstete Flügeldeckenzwischenräume und viel geringere Grösse, von *azaleae* Pke. durch grösseres, kugeligeres Halsschild. Bezüglich der Gestalt schliesst sich *O. Gredleri* mehr an die letztere Art an, im Gegensatz zu *scaber* und *subcostatus* mit viel breiterem, kürzerem, bauchig erweitertem Hinterkörper.

Auf der Cima Tombea in Judicarien hochalpin unter Steinen (13. 7. 94).

Zur Vergleichung lag uns reichliches Material des *O. azeleae* von der Koralpe vor. Von *O. subcostatus* sahen wir Stücke aus Savoyen, dem Engadin, vom St. Bernhard, dem Mont Dore und aus den Seealpen. Wir selbst sammelten letztere Art am 4. Juli 1897 in der Nähe des Spitzingsees in den bayerischen Alpen und unterhalb des Lalensola-Passes im Val Sugana (15. 5. 94). Als östlichste Fundstelle erwähnt Dr. Penecke die Feistritzer Alpe im Gailthal (Kärnthen).

Wir erlauben uns, diese leicht kenntliche Art dem um die Erforschung und Bearbeitung seiner heimatlichen Fauna hochverdienten Nestor der Tiroler Entomologen, Herrn Gymnasialdirektor P. Dr. Vincenz Gredler S. F. in Bozen verehrungsvollst zu widmen.

Otiorhynchus planiceps nob. n. sp : Rufo-piceus, antennis pedibusque rufis, haud squamosus; capite lato, plano, subtiliter ruguloso-punctato, rostro a capite interrupto, subtilissime carinulato, oculis paulo convexis, magis distantibus, scrobibus abbreviatis, antennis gracilibus, articulo funiculi secundo primo quadrante longiore, reliquis oblongis; prothorace subcylindrico, longitudine aequilato, rude rugoso-granulato; elytris breviter ellipticis, convexis, latitudine triente, prothorace duplo dimidioque longioribus, basin margine posteriore prothoracis paulo latioribus, punctis striarum foveiformibus, interstitiis striis paulo angustioribus et setulis suberectis pallidis seriatim instructis; pedibus longis, tenuibus, femoribus omnibus acute dentatis. Long.: $4^3/4$ mm, Patria: *In alpibus Venetiae provinciae.*

Dem *O. eremicola* Roshr. am ähnlichsten, doch kleiner, unbeschuppt, der Kopf viel breiter und flacher, mit weniger vorspringenden Augen und etwas kräftigeren Fühlern, deren zweites Geisselglied das erste nur wenig an Länge übertrifft. Die Flügeldecken sind kürzer, ihre Sculptur weniger rauh, die Zwischenräume kaum gekörnt, die Grübchenstreifen und Borstenreihen regelmässiger, die Beine weniger keulenförmig verdickt, zwar spitz aber viel schwächer gezähnt. Als unbeschuppte Art müsste *O. planiceps* eigentlich der 37. Stierlin'schen Rotte einverleibt werden, doch scheint uns der Mangel jeglicher Beziehung zu den dort eingereihten Arten die Unterbringung desselben in der 32. Rotte hinreichend zu rechtfertigen. Habituell erinnert die neue Art nicht wenig an *O. cadoricus* nob., den wir neuerdings auch in den Venetianer Alpen (Piz di Pramper, 10. 8. 95) sammelten, Kopf und Halsschild sind ganz ähnlich gestaltet, auch die Beine besonders schlank, doch sind bei *cadoricus* die Schenkel ungezähnt.

Ein einzelnes Exemplar von uns auf dem Monte Cridola (3. 8. 95) in den Venetianer Alpen gesammelt.

Otiorhynchus porcellus nob. n. sp: *Otiorhyncho gibbicolli (auct. Bohem.) subgeneris Tournieriae affinis, piceus, nitidulus, parce appressim griseo-pubescens; capite brevi, crasso, sat dense punctato, rostro latitudine vix longiore, subtiliter carinato, oculis subconvexis, scrobibus marginem anteriorem oculorum attingentibus, antennis brevibus, scapo curvato, articulo funiculi primo secundo aequilongo, reliquis globosis; prothorace magno, aeque longo ac lato, medio latissimo et fortiter rotundato-ampliato, rude, partim rugose punctato, disco laeviter carinato; elytris breviter ellipticis, latitudine triente longioribus, striis subtilibus, confertim punctatis, interstitiis planis, irregulariter punctulatis; pedibus brevibus, femoribus fortiter dentatis, tibiis anticis intus basi leviter emarginatis et dimidio apicali crenulatis.* Long.: $5^1/4$ mm.

Patria: *Aprutium Italiae centralis.*

Mit *O. gibbicollis* Boh. verwandt und demselben in Färbung und Gestalt sehr ähnlich, doch ist der Kopf kürzer, der Rüssel gegen die Spitze weniger verbreitert, die Fühler bedeutend kürzer und kräftiger, das 3.—7. Geisselglied knopfförmig, das Halsschild ist so lang als breit, bei *gibbicollis* viel breiter; die Punktur desselben zeigt mehr Neigung zur Längsrunzelung, die Fühler sind bei letzterer Art wesentlich schlanker, die äusseren Geisselglieder verlängt.

Von Herrn Prof. Fiori auf dem Gran Sasso d'Italia entdeckt.

5. Bemerkungen zu bekannten Arten.

O. corallipes Strl. (Schw. Z. VIII, 163), vom Autor als mit *O. patruelis* verwandt in die 19. Rotte eingereiht, ist ein *Dodecastichus*, der sich durch vollständigen Mangel eines Toments von allen Arten der Untergattung unterscheidet. Dr. Stierlin erwähnt in der Beschreibung ausdrücklich, dass die Flügeldecken zwölf Streifen besitzen, ohne indes daraus die naheliegende Conseqnenz zu ziehen. Auch Apfelbeck ist es entgangen, diese Art in seiner „Monographischen Bearbeitung der zwölfstreifigen *Otiorhynchus*-Arten" (Wissenschaftliche Mitteilungen aus Bosnien und der Herzegowina III. 1895) zu berücksichtigen.

O. Heeri Strl. (Berl. Ztschrft. 1858, 289), eine seltene und wenig bekannte Art, sammelten wir im Juli 1893 in den Bergamasker Alpen (Pizzo dei tre Signori) und im Veltlin (Val Arigna). Unsere Stücke stimmen mit einem von Dr. Stierlin mitgeteilten Originalexemplar vollständig überein und sind besonders durch die mit der Oberfläche des langgestreckten, konischen Kopfes vollkommen nivellirten Augen sehr ausgezeichnet, welche Merkmale weder in der Stierlin'schen Beschreibung, noch in den Bestimmungstabellen erwähnt sind. *O. Heeri* besitzt in dem oben charakterisirten *O. coniceps* nob. einen nahen, doch gut zu trennenden Verwandten mit ganz analoger Kopfbildung.

O. Schmidti Strl. unterscheidet sich von *maurus* Gyll. durch längsrunzlig sculptirten, nicht oder kaum gekielten Rüssel. An einem uns vorliegenden Originalstück (♀, Krain) fällt besonders die kurze, plumpe Gestalt des Rüssels auf, wodurch die Kopfbildung jener des *O. monticola* Germ. ähnlich wird. Ein ♀ der v. Heyden'schen Sammlung stimmt mit dem ersterwähnten Stück in dieser Hinsicht gut überein. Obwohl *O. maurus* bezüglich der Rüsseldimensionen nicht unbeträchtlich variirt, beobachteten wir an demselben doch nie ein ähnliches Verhältnis derselben. Wie vom Autor ausdrücklich hervorgehoben wurde (Revision I, 1861,

p. 167), unterscheidet sich das ♂ des *O. Schmidti* vom ♀ nur durch eingedrückten Bauch.

Dem Einwand, unser *O. tridentinus* (Col. Stud. I. p. 59), aus den Trientiner Dolomiten stammend, könnte möglicherweise mit *O. Schmidti* zu identifiziren sein, begegnen wir mit dem Hinweis auf die in unserer Beschreibung angegebenen, scharfen Trennungsmerkmale und die eben erwähnte Originalangabe bezüglich der Unterscheidung der beiden Geschlechter des *O. Schmidti*. Schliesslich sei noch bemerkt, dass Herr Dr Stierlin, dem wir vor der Veröffentlichung der Beschreibung des *O. tridentinus* ein typisches ♂♀ desselben nebst Angabe der wesentlichen Kennzeichen zum Zweck der Vergleichung mit seinen *Schmidti*-Typen einsandten, die spezifische Selbständigkeit unserer Art ausdrücklich anerkannte.

O. validicornis nob. (Col. Stud. I, p. 56) ändern wir wegen Collision mit *O. validicornis* Fald. (Fn. transc. III. p. 194), einer persischen Art, in *hadrocerus*. Ausser den cadorischen Alpen fanden wir denselben in neuerer Zeit auch auf dem Piz de Pramper (10. 8. 95) in den Venezianer Alpen.

O. pristodon nob. (Societas Entomologica XII. Nr. 9, [1. August 1897]) = *O. Schusteri* Strl. (Schw. Z. IX. p. 479 [Juni 1897]).

O. bergamascus Strl. (Schw. Z. IX. p. 110) = *O. arenosus* Strl. Ersteren besitzen wir in selbstgesammelten Stücken vom Monte Grigna, von letzterem kennen wir ein von Dr. Stierlin begutachtetes Exemplar der v. Heyden'schen Sammlung (Italia, Frivaldsky; type Stierlin). Unsere Exemplare vom Val Arigna in den Veltliner Alpen *(valtellinus nob. i. litt.)* unterscheiden sich von den Bergamasker-Stücken durch fast ganz flache Augen, schmälere Stirn und etwas längeren, vom Kopf gar nicht abgesetzten Rüssel. Nach der Revision von 1861 besitzt *arenosus* eine Halsschildfurche, nach den „Bestimmungstabellen" fehlt sie demselben.

O. monticola Germ., Wse. (D. Z. 1894, 249) findet sich auch in den Alpen. Wir sammelten am 31. Mai 1885 ein ♀ bei Bozen am Ufer der Talfer, jedenfalls durch den Fluss aus der alpinen Region verschleppt. Das Tier besitzt den charakteristisch plumpen, vom Kopf nicht abgesetzten Rüssel, wie er besonders den ♀♀ der Pyrenäen-Art, die wir im Juli 1884 zahlreich auf dem Pic du Midi und dem Monné sammelten, eigentümlich ist. Die von Weise zur Trennung von *monticola* und *alpinus* Rchtr. angegebenen, auf die Tibien bezüglichen Unterschiede treffen nach unserem Material nur für die ♂♂ scharf zu. Letzterer, von dem auch wir nur Stücke aus dem Riesengebirge und der Tatra kennen, scheint in den Alpen gänzlich zu fehlen.

O. thoracicus Strl. (Schw. Z. VIII. 359). Am 13. August 1894 sammelten wir auf dem Monte Barone in den lepontinischen Alpen vier Stücke eines *Otiorhynchus* mit stark genäherten Augen, den wir, als mit *varius* verwandt, im Manuscript als *O. lepontinus* beschrieben. Ebenso, wie bei diesem, fliessen auf dem seitlich stark, fast winklig gerundet-erweiterten Halsschild die Körner zu Längsrunzeln zusammen. Von *varius* unterscheidet er sich jedoch leicht durch die gegen die Keule nicht verdickte Fühlergeissel, längeren Kopf, schmälere Flügeldecken, sowie viel stärker verdickte und kräftiger gezähnte Schenkel. *O. thoracicus* Strl., nach einem ebenfalls vom Monte Barone stammenden, augenscheinlich abgeriebenen Exemplar der Baudi'schen Sammlung beschrieben, wird vom Autor der Untergattung *Arammichus* zugeteilt, während unser *lepontinus in litt.* zweifellos mit *varius* am nächsten verwandt ist. Nichtsdestoweniger halten wir doch auf Grund einiger wichtiger Angaben der Stierlin'schen Beschreibung die Identität der erwähnten Tiere für wahrscheinlich, was allerdings die Transferirung des *O. thoracicus* in die 20. Rotte bedingen würde.

O. impressiventris Fairm. Unter den bemerkenswerten Funden alpiner, südlicher und östlicher *Otiorhynchus*-Arten in Mitteldeutschland, besonders am Rhein*), wird auch der sonst nur aus Südfrankreich, namentlich den Pyrenäen bekannte Fairmaire'sche *O. impressiventris* aufgeführt. Da der ebenfalls südfranzösische *O. procerus* Strl. schon früher mit Sicherheit für die Mainzer Gegend nachgewiesen wurde, so konnte diese neue Bereicherung der deutschen Fauna als interessante Thatsache unbedenklich acceptirt werden. Unsere Untersuchungen an authentischem Material führten indes zu dem Ergebnis, dass hier ein Irrtum in der Bestimmung vorliegen müsse. Sowohl unsere beiden Sammlungsstücke von deutschen *impressiventris* (Koblenz, Preiss 95), als auch ein weiteres Exemplar der v. Heyden'schen Sammlung (Koblenz, 2. Juni 89, Schultze) sind typische *O. Marquardti* (Fald.) Strl. Von echten *O. impressiventris* liegen uns zur Vergleichung vor: Die beiden typischen Stücke der Fairmaire'schen Sammlung (Pyrénées), ein Exemplar der v. Heyden'schen Sammlung (Ste Baume) und ein weiteres französisches Stück (coll. Dr. Stierlin). Nach diesem Material unterscheidet sich *impressiventris* neben der geringeren Grösse und schlankeren Gestalt von *Marquardti* durch mehr genäherte Augen, daher schmälere

---

*) Dr. v. Heyden „..... *Otiorhynchus*-Arten aus der Eiszeit am Mittelrhein" D. Z. 1890, p. 212.

Stirne und seitlich nicht verundet-winklig erweitertes Halsschild, und gewinnt dadurch mehr Ähnlichkeit mit *O. subdentatus* und seinen Verwandten, unterscheidet sich aber von diesen gemeinschaftlich mit *singularis* L., *Marquardti* Strl. und *procerus* Strl. durch die längere und rauhere Beborstung der Flügeldecken.

O. Raymondi Gaut. (Ann. d. Fr. 1860, Bull. 113), aus den Basses-Alpes beschrieben, sammelten wir im August 1898 in demselben Gebiet auf den Montagnes de la Blanche und dem Mont Cheval Blanc. Nach unserem Material kann derselbe keineswegs mit *moestus* Gyll. vereinigt werden, sondern ist von demselben ohne Schwierigkeit zu trennen. *O. moestus*, den wir in den südlichen Seealpen ziemlich verbreitet antrafen, ist besonders durch seinen breiten, flachen, gleichmässig längsrunzligen, vom Kopf kaum abgesetzten und bis zu den Fühlerwurzeln allmählich schwach verengten Rüssel ausgezeichnet. Bei *Raymondi* ist derselbe weniger flach, undeutlicher der Länge nach gerunzelt, mit gut isolirtem Mittelkiel und schwach angedeuteten Seitenkielen. Die Verengung nach vorn findet viel rascher statt und erreicht ihr Maximum schon vor der Fühlerinsertion, an welcher Stelle der Rüssel leicht eingeschnürt erscheint. Die Fühlerfurche ist bei *moestus* kurz, nach rückwärts sehr wenig verlängert, bei *Raymondi* zieht sie sich bis gegen die Stirne. Im Übrigen sind bei letzterem die Fühler kräftiger, die Geissel etwas kürzer, das Halsschild weniger gerunzelt, die Flügeldecken feiner gestreift. *O. planidorsis* Strl. (Schwz. Z. VII, 283), von dem wir das Originalstück kennen, vermögen wir von unseren grösseren und kräftigeren *Raymondi*, wie wir sie besonders auf dem Mont Cheval Blanc antrafen, nicht zu trennen.

O. tener Strl., der hauptsächlich über die Seealpen verbreitet ist, findet sich in den grajischen Alpen, besonders am Cogne-Pass in einer nicht unbeträchtlich abweichenden Lokalform *(var. grajus nob.)* mit viel dickeren Fühlern und kürzerem, plumperem Rüssel. Das dritte Geisselglied ist entweder halb so lang als das zweite, oder länger, bei *tener* ist dasselbe meist kugelig und kürzer als die Hälfte des vorhergehenden.

Nach Dr. Stierlin unterscheidet sich *O. tener* und *nubilus* durch verschieden dicht gereihte Punktur der Deckenstreifen. Ein weiteres, sehr sicheres Merkmal zur Unterscheidung der beiden Arten liegt in der Art der Bekleidung der Flügeldecken. Dieselben sind bei *nubilus* glatt anliegend behaart, ohne aufstehende Börstchen, bei *tener* und var. *grajus* villos, im Profil betrachtet aus halbaufgerichteten, weichen, grauen Börstchen bestehend. Dieser Unterschied ist jedoch nur für die ♂♂ ganz scharf, ♀♀ von *nubilus* sind nicht selten dünn beborstet. Die Augen sind bei *tener* kleiner, gewölbter, der Rüssel kürzer, *nubilus* besitzt grössere, flachere Augen und besonders im ♂ Geschlecht viel längeren Rüssel.

O. italicus Strl. (Schw. Z. VIII., 11), vom Autor in die 12. Rotte der echten Otiorhynchen eingereiht, ist ein typischer *Arammichus,* teils anliegend behaart, teils abstehend beborstet, und dürfte mit dem uns unbekannten *A. villosus* Strl. am nächsten verwandt sein.

Die Vergleichung unseres *Ot. Echidna* (p. 43) mit *italicus* ist daher nicht besonders glücklich gewählt. Auf den *Arammichus*-Charakter des *O. italicus* wurden wir erst kürzlich anlässlich der wiederholten Untersuchung des bereits früher erwähnten v. Heyden'schen Stückes (Italia, Krieghoff) aufmerksam, nachdem die Beschreibung des *O. Echidna* bereits im Druck vorlag. Wir betrachten den letzteren nun als einen näheren Verwandten des *O. scabrosus* Marsh., mit ebenfalls stark gefurchtem Rüssel und abstehender Beborstung der Flügeldecken. *O. Echidna* ist durchschnittlich kleiner, schlanker, besonders der Hinterkörper viel weniger entwickelt, der Rüssel ist länger, die Stirn breiter, das Halsschild gröber gekörnt, die Flügeldecken beschuppt, die Punkte der Streifen viel kleiner, die Borsten spärlicher, aber mehr aufgerichtet und steifer, die Schenkel stärker verdickt.

VI.
Über eigentümliche Geschlechtsverhältnisse bei den Gattungen *Tropiphorus* Schnh. und *Barynotus* Grm.

Gelegentlich der Bearbeitung aus Transsylvanien stammenden *Tropiphorus*-Materials zeigte sich, dass dort neben *carinatus* Müll. und *tomentosus* Marsh. noch zwei, sowohl unter sich, als auch von den bekannten Arten leicht zu trennende Formen heimisch sind, die wir im Manuscript zunächst als *Tr. transsylvanicus* und *rotundatus* beschrieben und auch bei Erledigung von Determinandensendungen mit diesen Namen bezeichneten. Nachdem wir unsere Studien auf alle Arten ausgedehnt hatten, ergab sich bei der Untersuchung des Geschlechtsapparates, dass von *obesus, carinatus, tomentosus* und *obtusus* nur ♀♀ vorlagen, während bei den übrigen Arten wohl ♂ Stücke festgestellt werden konnten, doch meist gegenüber der Zahl der ♀♀ in bedeutender Minderheit. Nur bei *styriacus* Bedel überwiegen bei dem von uns verglichenen Material die ♂♂. Mit Bezug auf die zwei oben erwähnten, vermeintlichen Arten bemerken wir, dass die eine derselben nur in ♂ Stücken, die andere nur in ♀ Exemplaren vorlag. Später erhaltenes, sehr reichliches Material des Wiener Hofmuseums (Schuler Gebirge, Gglbr. 95) bestätigte dann die auf die erwähnte Beobachtung hin nahe gerückte Vermutung, dass die auffallende Formverschiedenheit der beiden Geschlechter derselben Art Anlass zu einer Täuschung gegeben hatte. Da es ferner nicht unwahrscheinlich ist, dass die ♂♂ der uns bisher nur im ♀ Geschlecht bekannt gewordenen Arten sich ebenso auffallend von den zugehörigen ♀♀ unterscheiden, wie dies bei der neuen transsylvanischen Art zutrifft, so ist vorauszusehen, dass in Zukunft die von Dr. Stierlin und Fauvel zur Arttrennung eingeführte Benützung habitueller Differenzen eine Einschränkung erfahren muss. Für den praktischen Fall d. h. zum Zweck der Anfertigung von Bestimmungstabellen dürfte es sich wohl vorläufig empfehlen, die beiden Geschlechter getrennt zu behandeln, ein Modus, dem wir auch mit der im Folgenden veröffentlichten, unveränderten Wiedergabe unserer ursprünglichen Beschreibungen den Vorzug geben.

Tropiphorus transsylvanicus nob. n. sp., ♂: *Elongatus, niger, antennis pedibusque rufis, interdum infuscatis, supra squamulis minutis metallico-micantibus parce vestitus; rostro antrorsum paulo dilatato, inconspicue tricarinato; pronoto longitudine aequilato, a basi ad trientem apicalem parallelo, paulo convexo, dense subtiliterque ruguloso et medio acute longitudinaliter carinato, angulis posticis subrectis; elytris oblongis, antice subemarginatis, basi margine posteriore prothoracis haud vel vix latioribus, profunde punctato-striatis, interstitiis alternis costiformibus, seriatim suberecte setulosis; metasterno et segmentis ventralibus primis impressis, segmento anali plano; femoribus simplicibus, tibiis anticis introrsum curvatis. Long.: 6 mm.*

Bei der Vergleichung kann nur *Trop. styriacus* Bedel und *caesius* Strl. in Betracht gezogen werden, da die übrigen Arten, soweit ♂ ♂ bekannt sind *(globatus, cucullatus, ochraceosignatus)*, durch kurze gedrungene Gestalt und starke Wölbung der Flügeldecken auf den ersten Blick leicht zu trennen sind, Unterschiede die bei Heranziehung der ♀ Individuen der bisher als eingeschlechtig beobachteten Spezies nur noch mehr zur Geltung kommen. Ausserdem sind die Schuppen der erwähnten Arten breiter, bei *cucullatus* und *ochraceosignatus* fehlt auch der Mediankiel auf dem Thorax. *Trop. styriacus* bietet in seiner Halsschildform und der in der Gattung isolirt stehenden Flügeldeckensculptur hinreichend Anhaltspunkte zur sicheren Trennung. Bei *Tr. caesius*, dessen schmale ♂ ♂ ebenfalls in Betracht kommen können, sind die Zwischenräume der Flügeldecken nicht oder kaum gewölbt, die Streifen fein, nicht grob grubenförmig punktirt, die Börstchen kürzer, die Schüppchen etwas breiter und nach rückwärts stärker zugespitzt.

Tropiphorus transsylvanicus nob. n. sp., ♀ *(Tr. rotundatus* nob. *in litt.)*: *Subglobosus, niger, pedibus interdum rufescentibus, supra squamulis virescentibus, rarius aeneo-micantibus parce obtectus; capite thoraceque sat validis, rostro planiusculo, apicem versus haud vel vix dilatato, carina mediana postice abbreviata et carinulis duabus lateralibus minus distinctis instructo, fronte inter oculos linea brevi insculpta; prothorace longitudine aequilato, confertim subtiliterque ruguloso, medio acute longitudinaliter carinato, lateribus modice rotundato, fere in medio latissimo, antrorsum vix magis quam retrorsum angustato; elytris breviter ellipticis, valde convexis, sat fortiter punctato-striatis, margine basali recto, humeris rotundatis vel subrotundatis,* *interstitiis alternis subelevatioribus et setulis pallidis suberectis seriatim instructis; impressione metasterni segmentorumque primorum ventralium nulla, segmento anali profunde fossulato; femoribus simplicibus, tibiis anticis rectis. Long.: 5 ^{1}/$_2$—6 ^{1}/$_2$ mm. Patria: Transsylvania.*

Dem *Trop. obtusus* Bonsd. ♀ habituell am ähnlichsten, aber durch ganz oder fast vollständig verrundete Humeralwinkel, kürzere, seitlich gleichmässiger gerundete und mehr kugelig gewölbte Flügeldecken, breiteren, gegen die Spitze nicht oder kaum erweiterten Rüssel und längere, mehr aufgerichtete Beborstung der stärker erhabenen, alternirenden Deckenzwischenräume verschieden. Das Halsschild ist bei *rotundatus* auch nach rückwärts deutlich verengt, die Punktirung der Flügeldeckenstreifen tiefer, die Beschuppung bei der Mehrzahl der verglichenen Stücke blass grünlich, fast glanzlos, nur ausnahmsweise in grösserer oder geringerer Ausdehnung erzglänzend.

Trop. transsylvanicus wurde bisher am zahlreichsten im Schuler-Gebirge (Ganglbauer, Deubel) und zwar in beiden Geschlechtern gesammelt (♂ ♂ viel spärlicher), ferner kennen wir zwei Pärchen vom Buczes (Leonhardt, Dr. Petri), ein ♂ vom Negoi (Dr. Petri); ein ♂ (mus. Seidlitz) von Fauvel als *styriacus* bestimmt.

Als mit *Trop. transsylvanicus* nob. verwandt, fügen wir hier noch die Beschreibung einer neuen, bosnischen Art an:

Tropiphorus alophoides nob. n. sp., ♂: *Tropiphoro transsylvanico (♂) vicinus et similis, sed differt ab eo humeris angulos posticos prothoracis superantibus, pronoto magis convexo lateraliterque fortius rotundato et setulis brevioribus tenuioribusque in interstitiis alternis elytrorum instructis. Long.: 6 mm. Patria: Bosnia.*

In Grösse und Gestalt dem *Trop. transsylvanicus* nob. (♂) nahe stehend, doch in der Regel etwas weniger gestreckt. Die ziemlich stark vorgezogenen Schultern überragen die Hinterwinkel des Halsschilds sehr deutlich und die Basis der Flügeldecken ist ziemlich breit ausgeschnitten. Bei der siebenbürgischen Art treten die rechtwinkeligen oder etwas stumpfwinkeligen Humeralecken seitlich nicht oder nur ganz unbedeutend über die Halsschildbasis vor, der Basalrand der Flügeldecken ist fast gerade, die Beborstung der abwechselnden Flügeldeckenzwischenräume bei *alophoides* etwas kürzer, die Börstchen selbst etwas zarter und anliegender.

Bjelasnica planina und Treskavica (bosn.-herzogow. Landesmuseum).
Klekovaca und Sisa planina (Wiener Hofmuseum).
Vlasič (19. 7. 93) (Professor Brandis).

Unter dem von Herrn Kustos Apfelbeck eingesandten *Tropiphorus*-Material des bosnisch-herzegowinischen Landesmuseums befanden sich auch zwei übereinstimmende, nur $5^{1}/_{4}$ und $5^{3}/_{4}$ mm messende, durch ihre sonstigen Merkmale am nächsten mit *tomentosus* verwandte Individuen von der Vitoša planina bei Sofia*), die sich aber von diesem neben der viel geringeren Grösse durch kürzere, gewölbtere Flügeldecken, deren Humeralwinkel die Halsschildbasis seitlich nur wenig überragen, längeres, von der Basis an allmählich gegen die Spitze verschmälertes Halsschild, sehr seichte, undeutlich punktirte Streifen und ganz ebene, kaum sichtbar beborstete Zwischenräume der Flügeldecken unterscheiden *(var. serdicanus nob.)*.

Bei einer mit guten Trennungsmerkmalen so wenig bedachten Gattung halten wir es für nützlich, auf die bis jetzt noch nicht hervorgehobenen Unterschiede in der Beborstung der Flügeldecken-Zwischenräume aufmerksam zu machen, da sie doch für einige Arten in zweifelhaften Fällen die Identifizirung erleichtern können.

Was die Länge der Börstchen betrifft, so sind namentlich zwei Arten besonders dadurch ausgezeichnet, dass sie gewissermassen die Endglieder der aus den Übergängen gebildeten Reihe darstellen. So ist *Trop. Bertolinii* Strl. durch besonders lange, aufgerichtete Beborstung leicht von allen Arten der Gattung zu unterscheiden, während *Trop. tomentosus* Marsh. nur sehr zarte, meist nur am abfallenden Teil der Naht deutlich sichtbare Börstchen trägt. Auch zur Unterscheidung von *obtusus* und *transsylvanicus*, welch' letzterer (♀ ♀ mit ♀ ♀ verglichen) constant länger und mehr aufgerichtet beborstet ist, lassen sich diese Merkmale heranziehen. Ziemlich charakteristisch für *tomentosus* zum Unterschied von den verwandten Arten scheinen uns die glänzenden Schüppchen in den Punkten der Flügeldeckenstreifen, die bei oberflächlicher Betrachtung zu Verwechslung mit den indessen auf den Zwischenräumen inserirten Seten führen können.

Bei *Trop. obesus* Fauv. ist nach unserem nicht gerade reichlichen Material der dritte Zwischenraum auf dem rückwärts abfallenden Teil der Flügeldecken zwei- bis dreireihig beborstet, bei

---

*) Bulgarisch: Sredez, das alte Serdica.

carinatus Müll. verschwinden die Börstchen in der Regel gegen die Spitze oder sie stehen sehr vereinzelt und einreihig wie bei allen übrigen Arten mit Ausnahme des *styriacus* Bedel, der an dem beulenartig vortretenden Ende des fünften Zwischenraumes ebenfalls mehrreihig beborstet ist.

Auf Verschiedenheiten in Grösse, Form und Struktur der Schuppen wurde von Reitter (Wiener ent. Ztg 1889, p. 126) hingewiesen.

Bezüglich der Sculptur des Analsegments lässt sich Folgendes bemerken: Dasselbe ist bei den ♀♀ von *Trop. ochraceosignatus, cucullatus, globatus* und *Bertolinii* eben oder unmittelbar vor der Spitze schwach grübchenförmig vertieft, bei den ♀♀ der übrigen Arten trägt dasselbe einen mehr gegen die Mitte gerückten, queren oder halbkreisförmigen, meist sehr kräftigen Eindruck; das Analsegment der ♂♂ ist, soweit solche bekannt sind, normal eben, doch sind uns bereits von *styriacus* und *alophoides* einzelne Stücke mit mehr oder weniger deutlicher Analgrube vorgekommen.

Eine ähnliche Beobachtung, wie wir sie oben bezüglich der Geschlechtsverhältnisse bei *Tropiphorus obesus, carinatus, tomentosus* und *obtusus* mitteilten und die auf parthenogenetische Fortpflanzungsweise schliessen lässt, scheint auch für *Barynotus margaritaceus* Grm. zuzutreffen. Weder unter unserem eigenen Sammlungsmaterial, noch unter dem uns sonst zur Benützung zugänglichen, finden sich ♂-Individuen. Dagegen sammelten wir im August 1894 und 1895 am Cogne-Pass in den grajischen Alpen eine kleine Anzahl eines dem *maculatus* Boh. sehr ähnlichen *Barynotus*, darunter auch einige ♂♂,*) die sich durch ihre schmale, etwas an *Neoplinthus* erinnernde Gestalt ähnlich auffallend von den zugehörigen ♀♀ unterscheiden, wie die beiden Geschlechter des *Trop. transsylvanicus*. Der Einwand, die ♂♂ würden an anderen Localitäten deshalb nicht gefunden, da sie eine verborgenere Lebensweise führen oder zu einer anderen Zeit auftreten, ist nicht stichhaltig, da wir am Cogne-Pass beide Geschlechter gleichzeitig und unter denselben Bedingungen sammelten. Viel-

---

*) Wir beziehen auf dieselben vorläufig die Beschreibung des *Barynotus Fairmairei* Tournier (Pet. nouv. entom. II. 1876 p. 10). Die wichtigsten Angaben sind folgende: „Piémont, long. 9½ mm, larg. 4 mm, cette éspèce, par l'ampleur de son scutellum, appartient au groupe du B. *margaritaceus* et *maculatus*; corps très parcimonieusement orné de petites écaillettes grises; allongé, un peu parallèle, faiblement déprimé en dessus; prothorax aussi long que large, peu convexe, presque droit sur la moitié postérieure des côtés latéraux; élytres un peu déprimés en dessus, à peine

leicht genügen diese Andeutungen, um diesen jedenfalls auffallenden Verhältnissen allgemeineres Interesse zuzuwenden.

Zum Schluss noch einige Angaben zur Unterscheidung von *Barynotus margaritaceus, maculatus* und ähnlicher Formen: *B. margaritaceus* ist von *maculatus*, der auch in der neuesten Bearbeitung der Gattung (Desbrochers, Frelon 1891, p. 96) als Varietät des ersteren betrachtet und nur durch Färbungs- und Zeichnungsunterschiede von demselben getrennt wird, besonders dadurch ausgezeichnet, dass die Punkte der Flügeldeckenstreifen auf ihrem Grunde ein stets deutlich erkennbares Schüppchen tragen. Die Interstitialpunktur ist einfach, nicht ocellirt. Bei *maculatus* bemerkt man keine derartige Differenzirung. Was die Verbreitung der beiden Arten betrifft, so scheint, wenigstens nach unserem Material, *B. margaritaceus* fast ausschliesslich den Central- und Ostalpen anzugehören (Col Santo bei Rovereto, Stilfser Joch, Hinterrhein-Gebiet, Monte Rosa, Trient [Wallis]) Aus den eigentlichen Westalpen kennen wir nur drei Individuen unserer Sammlung (Seealpen: Madonna della Finestra 12. 7. 96, Laghi Lunghi 9. 7. 96; Ligurischer Apeninn: Marguarese 1. 7. 96). Diese sind besonders dadurch sehr ausgezeichnet, dass die kleinen Schüppchen in den Streifenpunkten durch lebhaften Goldglanz mit der übrigen Beschuppung auffallend contrastiren, während dieselben bei der Stammform mit der übrigen, vorherrschend grauen oder schwach kupferrötlich schimmernden Bekleidung in Farbe und Glanz übereinstimmen *(var. aurosparsus nob.)* *B. maculatus* ist ausschliesslich über die Westalpen verbreitet. Allgemein bekannt und in den Sammlungen verbreitet ist die breite, robuste Form vom Grossen St. Bernhard mit seitlich stark bauchig erweiterten Flügeldecken und sehr stumpfen Humeralwinkeln, von der uns auch zwei typische Stücke vom Mont Cenis vorliegen. Die Färbung ist vorherrschend braun mit wenig auffallender Beimischung von Grau, mit dunklerer, unregelmässiger Fleckenzeichnung. Eine von uns ebenfalls im Gebiet des Mont Cenis, ferner im Val Bellino am Südabhang des M. Viso und in dem noch südlicher gelegenen Val del Preit gesammelte, habituell an *B. margaritaceus* erinnernde und auch ähnlich gefärbte Rasse ist viel schlanker, die Flügeldecken sind seitlich nicht bauchig

---

plus large aux épaules que le prothorax à la base; un ⚥." Die gesperrt gedruckten Daten treffen auf unsere Stücke nicht zu. Die Tiere sind vorherrschend braun beschuppt, die ziemlich scharfen und etwas vorgezogenen Schulterwinkel überragen die Halsschildbasis seitlich sehr deutlich. Für den Fall, dass durch Vergleich des Tournier'schen Originalstücks die Verschiedenheit desselben von unseren Exemplaren festgestellt werden sollte, schlagen wir für die Art vom Cogne-Pass den Namen *conjux* vor.

erweitert und die Humeralwinkel weniger stumpf *(var. pedemontanus nob.).* Von *B. margaritaceus, maculatus* und den eben gekennzeichneten Formen kennen wir, wie bereits oben bemerkt, nur ♀♀.
B. Fairmairei Tourn. *(sensu nostro),* wie *maculatus*-Stammform braun gefärbt, besitzt ebenfalls einfache Streifenpunktur. Die ♀♀ unterscheiden sich von *maculatus* ♀♀ durch geringere Grösse, viel schmälere, konvexere Gestalt, breiteres, nach rückwärts schwächer verengtes Halsschild und die Halsschildbasis stärker überragende, schärfere Schulterwinkel. *B. margaritaceus* besitzt die grössten Schuppen, *maculatus* und *Fairmairei* die kleinsten, *v. pedemontanus* vermittelt den Übergang.

VII.

Zwanzig neue Arten aus dem paläarktischen Faunengebiet.

1. Cychrus grajus
2. „ rugicollis
3. Bembidium viridimicans
4. „ florentinum
5. Harpalus nevadensis
6. Agrilus fusco-sericeus
7. Piezocnemus carinthiacus
8. Barypithes armiger
9. Rhinomias pyrorhinus
10. Anthonomus rosarum et var. inornatus
11. Dichotrachelus variegatus
12. Attelabus chalybaeus
13. „ balcanicus
14. Acmaeops brachyptera
15. Leptura inermis
16. „ cardinalis
17. Pogonochaerus anatolicus
18. Dorcadion seguntianum
19. Mallosia iranica
20. Lachnaea pseudobarathraea.

1. Cychrus grajus nob. n. sp.: Habitu generali Cychri angusticollis, sed forma prothoracis Cychro cordicolli magis affinis; nigro-piceus, supra obscure aeneo-micans, capite elongato, fortiter rugato, tuberculo frontali haud foveolato, antennis gracilibus, elytrorum dimidium attingentibus; prothorace cordato, plano, rude rugoso, linea longitudinali mediana nulla, ante medium angulatim dilatato, paulo ante basin constricto, marginibus lateralibus haud reflexis tenuiter explanato, postice parte lateraliter constricta depresso, disco ad depressionem abrupte declivi; elytris oblongo ellipticis, longitudinaliter paulo convexis, basin versus gradatim declivibus, sutura pone scutellum haud vel vix depressa, marginibus lateralibus tenuibus, ante apicem magis explanatis et foveolatim impressis, antice subseriatim, postice irregulariter plane granulatis, intervallis primariis paulo conspicuis, postice tubercula fusiformia, subconvexa gerantibus et dimidio basali intervallis tribus secundariis separatis; epipleuris latis, subtiliter rugoso-punctatis. Long.: 14—17 mm.

Patria: *In alpibus grajis.*

Cychrus grajus, ein eigenartiges Bindeglied zwischen *anjulicollis* Sella und *cordicollis* Chaud., steht ersterem in Umriss und Sculptur der Flügeldecken sehr nahe, im Bau des Halsschilds wiederholen sich indes die wichtigsten Merkmale der letzteren Art. Während im Gesammteindruck namentlich bei flüchtiger Betrachtung trotz der gänzlich abweichenden Form des Prothorax der *angulicollis*-Habitus überwiegt, treten doch bei genauerer Untersuchung die näheren Beziehungen zu *cordicollis* so sehr hervor, dass wir in *Cychrus grajus* unzweifelhaft den nächsten Verwandten desselben erkennen. Er ist durchschnittlich grösser, die Flügeldecken viel gestreckter, weniger convex, die Sculptur gleichförmiger, die Tuberkeln der Primärintervalle bedeutend flacher, bei manchen Stücken überhaupt kaum bemerkbar, die Wölbung gegen die Basis viel weniger steil abfallend, auch fehlt der für *cordicollis* charakteristische Postscutellareindruck oder er ist nur andeutungsweise erkennbar. Es sind dies dieselben Merkmale, die, sofern es sich um die Vergleichung der Flügeldecken handelt, zur Unterscheidung von *angulicollis* und *cordicollis* Geltung haben. Das Halsschild ist dem des *cordicollis* sehr ähnlich gebildet, doch auf dem Diskus fast ganz eben, beiderseits der Mitte nicht wie bei *cordicollis* mehr oder weniger kissenartig gewölbt. Eine Medianfurche ist nicht oder nur schwach angedeutet. Auch fehlt, wie bei *angulicollis*, das bei *cordicollis* stets vorhandene Stirngrübchen.

Wir entdeckten diese interessante Art auf unseren ausgedehnten Streifzügen durch die grajischen Alpen, wo dieselbe den auf das Monte Rosa-Gebiet und die Südschweiz beschränkten *C. cordicollis* vertritt. In den westlichen penninischen Alpen, sowie im Gebiete des Mont Blanc findet sich weder *cordicollis* noch *grajus*.

2. *Cychrus rugicollis* nob. n. sp.: *Statura Cychri cordicollis sed tantum C. semigranoso propinquus ed ab eo magnitudine multo minore, elytris planioribus, antice magis declivibus et eorum sculptura distinguendus. Ut in C. cordicolli intervalli primarii tubercula fusiformia, fortiter prosilientia, in dimidio basali interstitiis 3 (in C. semigranoso 5) secundariis separata, gerunt. Long.: 12 mm.*
Patria: Bosnia.

Wie bei der vorhergehend beschriebenen Art vereinigen sich auch bei *Cychrus rugicollis* die Charaktere zweier gut getrennter Spezies zu einer merkwürdigen Zwischenform, jedoch in einer Weise, dass die spezifische Selbständigkeit der betreffenden Arten keineswegs in Frage kommen kann. Form und Sculptur der Flügeldecken, die beim Zustandekommen des Gesammteindruckes überwiegend beteiligt sind, verleihen dem ganzen Tier grosse Ähnlichkeit mit *cordicollis* Chaud., während das Halsschild mit seinen verrundeten Hinterwinkeln dem des *semigranosus* Pall. vollständig gleicht, abgesehen von der vielleicht individuellen gröberen Runzelung der Oberfläche. Von *Cychrus attenuatus* F. unterscheidet sich *rugicollis* durch pechschwarze Schienen, gegen die Basis steil abfallende, hinter dem Schildchen stark eingedrückte Flügeldecken und die gleichmässig runzlige Sculptur des in der Mitte kaum gefurchten, ebeneren Halsschildes und des Kopfes.

Diese Art wurde uns von Herrn Professor E. Brandis zugesandt, welcher sie auf der Vlasič-Alpe in Bosnien sammelte. Eine Fundortsverwechslung ist völlig ausgeschlossen, da wir das Stück in unpräparirtem Zustande mit anderen Vlasič-Käfern zusammen in einer Original-Papierrolle verpackt erhielten.

3. *Bembidium (Pseudolimnaeum) viridimicans* nob. n. sp.: *Castaneum, antennarum articulo primo pedibusque testaceis, articulo palporum maxillarium penultimo piceo, superficie plus minusve conspicue leviter viridi-micante; capite oblongo, oculis sat prosilientibus, sulcis frontalibus parallelis, puncto anteriore supra orbitali maximo, in medio plicae juxta-ocularis sito; prothorace cordato, longitudine paulo latiore, ante basin sat grosse rugoso-punctato, lateribus fortiter rotundato, in quinquente basali constricto et deinde parallelo vel paulum retrorsum divergente, marginibus lateralibus modice explanatis, angulis posticis magnis, rectis vel acutiusculis, plica intra-angulari distinctissima et ante basin cum margine laterali haud confusa, linea mediana postice in sulcum profundum dilatata; elytris ellipticis, prothorace fere duplo latioribus, humeris rotundatis, striis sat profundis ad latera et apicem subtilioribus, crebro fortiterque punctatis, interstitio tertio bifoveolato. Long.*: $5^{1}/_{2}-6^{1}/_{2}$ mm.

Patria: *Tirolis, Styria, Carnia, Transsylvania.*

Dem *Pseudolimnaeum Doderoi* Gglbr. sehr nahestehend. Die Färbung ist ein mehr oder weniger lichtes Kastanienbraun mit schwachem, wenig auffallendem, grünlichem Erzschimmer, während die Ganglbauer'sche Art fast ebenso ausgesprochenen, blaugrünen Metallglanz besitzt, wie alle mit *tibiale* verwandten Arten, und deshalb auch bei oberflächlicher Betrachtung mit einem *Peryphus* oder *Synechostictus* verwechselt werden kann. Die Flügeldecken sind etwas breiter, weniger convex, desgleichen das an der Basis gröber und dichter punktirte Halsschild, dessen Seitenrand, der bei *Doderoi* nur als ganz schmale Leiste auftritt, flacher abgesetzt ist. Der vordere Supraorbitalpunkt ist sehr gross und steht mehr in der Mitte der Breite der Juxtaocularfalte, bei *Doderoi* ist er kleiner und dem Augeninnenrand mehr genähert. *Pseudolimnaeum inustum* Jaq. unterscheidet sich von *viridimicans* leicht durch die parallelseitigen, flach gedrückten, tiefer punktirtgestreiften Flügeldecken, weniger gewölbtes Halsschild, mehr vom Hals abstehende und deutlicher vorgezogene Vorderwinkel desselben und einfärbig helle Maxillartaster. Die kaukasischen *Pseudolimnaeum*-Arten besitzen auf dem dritten Zwischenraum der Flügeldecken drei Porengrübchen und unterscheiden sich dadurch von den besprochenen Arten. *Pseudolimnaeum Kočae* Rttr., von dem uns durch die Freundlichkeit des Autors das Originalstück vorlag, können wir von *Pseudolimnaeum inustum* (Montreux, Saarlouis, Bozen) nicht trennen. Leider ist in der Beschreibung auf die Vergleichung mit *inustum* keine Rücksicht genommen.

Wir sammelten von *Pseudolimnaeum viridimicans* nob. im Juni und September 1885 je ein Stück bei Bozen am Ufer der Talfer in der Nähe der Burg Runkelstein. An derselben Stelle erbeuteten wir auch unser einziges Exemplar des *Pseudolimnaeum inustum*. Ausserdem standen uns bei der Beschreibung zur Verfügung: 6 Exemplare von Herrn Dr. Krauss, in der Umgebung von Graz gesammelt, und ein Stück aus der Wochein (Gglbr. 95). Interessant ist das Vorkommen dieser Art in Transsylvanien, von wo uns 3 Individuen der Wiener Musealsammlung (Gglbr. 95: Kerzer-Gebirge) und 15 im Frühjahr 1897 bei Busten am Fuss des Buczes von Herrn Deubel gesammelte Exemplare vorlagen. Zur Vergleichung konnten wir 4 Stücke des seltenen *Pseudolimnaeum Doderoi* benutzen: Das Ganglbauer'sche Originalstück aus dem Val Pesio in Ligurien und drei von Herrn Dr. Flach bei Vallombrosa gesammelte Exemplare.

4. *Bembidium (Peryphus) florentinum* nob. n. sp.: *Dilatatum, nigrum, nitidum, supra atro-virens, articulis tribus antennarum primis, palpis, tarsis, tibiis et femorum brunnescentium apice rufis; capite parvo, laevi, oculis planiusculis, sulcis frontalibus minus profundis, parallelis, antennis primum trientem elytrorum attingentibus; prothorace capite cum oculis sesquilatiore, magis convexo, basin recte truncato, ante medium latissimo,*

lateribus aequaliter fortiterque rotundato, ante angulos posticos usque ad quadrantem basalem recto, his distincte acutis, subdivaricatis, marginibus lateralibus tenuissimis, nullo modo explanatis, foveolis basalibus profundis, in fundo parce sed crasse punctatis et plica conspicua extus terminatis; elytris latissime ellipticis, aequaliter paulo convexis, latitudine sesqui longioribus, lateraliter fortissime rotundatis, (humeris quasi nullis), punctatostriatis, striis externis subtilioribus, 7^a vix indicata, 2^a apicem versus fortius impressa, interstitiis interioribus sat convexis, 3° bifoveolato; pedibus gracilibus. Long.: $6^{1}/_{2}$ mm.
Patria: In agro florentino.

Mit *Bembidium Stephensi* Crotch (*heterocerum* Seidl., Thoms.) nahe verwandt und mit demselben von den verwandten Arten ebenfalls durch die wenig vortretenden Augen ausgezeichnet, doch durch bedeutend breitere, seitlich viel stärker gerundete, gleichmässiger gewölbte Flügeldecken mit kaum angedeuteten Schultern, äusserst schmal abgesetzten Seitenrand des Halsschildes und dunkle Schenkel wesentlich abweichend.

Florenz (sopra la croce, 5. 93), drei übereinstimmende Exemplare von Dr. Flach gesammelt und zur Beschreibung mitgeteilt.

Von der seltenen Crotch'schen Art lagen uns zum Vergleich eine Anzahl Exemplare des Wiener Hofmuseums vor, darunter niederösterreichische (Wien, Dornbach), je ein Stück vom Stou in den Karawanken, dem Bachergebirge und aus England. Unser einziges Sammlungsexemplar stammt aus Skandinavien (Stehag, C. Möller).

5. *Harpalus nevadensis* nob. n. sp.: *Niger, supra plerumque coeruleo-micans, antennis, tarsis palpisque rufis vel rufo-brunneis, articulis antennarum 2—4 basi piceis; capite sat parvo, laevigato, oculis prosilientibus; prothorace subtransverso, convexo, lateribus valde rotundato, ante medium latissimo, retrorsum fortiter angustato, ante angulos posticos haud vel leviter sinuato, his obtusis vel rectis, marginibus lateralibus tenuiter reflexis, impressionibus basalibus profundis, tantum in fundo remote punctatis; elytris elongatis, subdepressis, in ♂ nitidis, in ♀ opacis, lateribus paulo rotundatis, basi margine postico prothoracis multo latioribus, profunde striatis, striis laevibus, interstitiis in ♂ convexis, in ♀ planioribus, tertio juxta striam secundam in parte apicali foveola setigera instructo, septimo octavoque apice impunctatis, angulo apicali elytrorum in ♀ simplici, nec prolongato, nec deflexo; episternis metathoracis brevibus,*

margine exteriore eorum antico paulo longiore, segmentis ventralibus 3—5 utrinque seta unica, segmento anali duabus, femoribus posterioribus subtus 5—7 setis instructis. Long.: 8—10 mm. Patria: Hispania, in montibus provinciae Baeticae.

Leicht kenntliche, vorherrschend dunkel gefärbte, im ♂ Geschlecht stark glänzende Art mit unpunktirter Halsschildbasis und angedunkelten mittleren Fühlergliedern, mit *H. rufitarsis* Duft. und *honestus* Duft verwandt, von beiden aber durch das fast herzförmige, nach rückwärts bedeutend stärker verengte Halsschild und viel gestrecktere Flügeldecken sehr ausgezeichnet. Die Basis der letzteren, die bei den genannten Arten die Hinterecken des Halsschildes meist nicht oder kaum überragt, tritt bei *nevadensis* seitlich ziemlich stark vor, was dem Tier gegenüber der meist plumperen, ungegliederten Gestalt des *rufitarsis* und *honestus*, besonders der südlichen Formen derselben, ein gefälligeres Aussehen verleiht. Der 7. Zwischenraum der Flügeldecken zeigt vor der Spitze keine Grübchenreihe, der Apicalwinkel derselben ist beim ♀ nicht zahnförmig ausgezogen. Von *H. sulphuripes* Germ. unterscheidet sich *nevadensis* neben der Halsschildform durch bedeutendere Grösse, schlankere Gestalt und die Farbe der Fühler. Er scheint bisher als *H. Bellieri* Rche. betrachtet worden zu sein. Nach uns vorliegenden Stücken (Wiener Hofmuseum: Corsica 1871, Miller) ist dieser nur eine Form des *rufitarsis* mit etwas kleinerem, im Uebrigen normal geformtem Halsschild und breiterem, kurzem Hinterkörper. *Harpalus hespericus* Rshr., von der Sierra Nevada beschrieben, kann mit *nevadensis* nob. nicht collidiren. Alle wesentlichen Angaben der Beschreibung (gestreckte parallelseitige Gestalt, punktirte Halsschildeindrücke) legen die Wahrscheinlichkeit sehr nahe, dass *H. hespericus = attenuatus* Steph. oder diesem sehr nahe steht. Ein uns vor einigen Jahren zur Ansicht vorgelegenes, kleines, als *hespericus* bezeichnetes Exemplar des *attenuatus* (Sierra Nevada) entsprach bis in die kleinsten Details den Anforderungen der Rosenhauer'schen Beschreibung. In den uns zugänglichen Sammlungen befinden sich unter *hespericus* fast ausnahmslos spanische, meist plumpe Formen des *decipiens*, die schon wegen unpunktirter Halsschildbasis nicht auf die Rosenhauer'sche Art bezogen werden können.

In der alpinen Region der Sierra Nevada (Picacho de Plateria, Korb, 1895), in Gesellschaft des *Harpalus rufitarsis v. Ramburi* Rshr.

6. *Agrilus fusco-sericeus* nob. *n. sp.*: *Cylindricus, obscure aeneus, nitidulus, capite crassiusculo, vertice magis con-*

vexo, longitudinaliter strigoso, sulco profundo in fronte dense fortiterque punctata evanescente dimidiato, antennis brevibus, quadrantem basalem prothoracis attingentibus, ab articulo quarto acute serratis; pronoto transversim valde convexo, longitudine latiore, lateribus leviter rotundato, ante angulos posticos vix sinuato, in disco modice transversim strigoso, pone marginem anticum transverse, utrinque a latera haud profunde et ante scutellum foveolatim impresso, carinulis intra-angularibus arcuatis, acutis, lineis marginalibus duabus lateralibus postice approximatis et confusis; scutello transversim carinato; elytris pone medium paulo dilatatis, deinde retrorsum gradatim angustatis, apice singulatim rotundatis et subtilissime denticulatis, confertim plane asperato-granulatis et pube brevi, fusca, uniformiter disposita sericantibus, biimpressis, (impressione prima intrahumerali minus expressa, altera juxta-suturali obsoleta); prosterni lobo gulari abdominisque segmento ultimo integris, processu intercoxali prosternali parallelo, unguiculis basi normaliter obtuse dentatis. Long : $4^1/_2 - 5^3/_4$ mm.

Patria: Austria inferior, Hungaria, Slavonia, Serbia, Graecia, Russia meridionalis.

Agrilus fusco-sericeus sieht dunkel gefärbten Stücken des *Agr. aurichalceus* Redtb. täuschend ähnlich, unterscheidet sich aber von demselben bei sorgfältiger Untersuchung durch die allerdings wenig auffallende, dunkle, den Glanz abschwächende, seidenartige Pubescenz der Flügeldecken. Eine scharf eingegrabene, auf der kräftig punktirten Stirn seichter werdende oder erlöschende Längsfurche teilt den Scheitel in zwei ziemlich stark gewölbte Hälften. Bei *aurichalceus* ist die Scheitelfurche seicht, die Stirne flach, unregelmässig gerunzelt, die Halsschildsculptur gröber. Im Uebrigen ist *fusco-sericeus* näher mit *croaticus* Able. verwandt, von dem uns vom Autor begutachtete Exemplare (coll. v. Heyden: Marburg, Hungaria, Dalmatia), ferner illyrische (Görz, Schreiber) und zwei niederösterreichische Stücke (Wien [Brühl] und Lunz) vorliegen, die Kopfsculptur ist ganz ähnlich, wie bei dieser Art, die Pubescenz der Flügeldecken ist indes bei *croaticus* reifartig, weisslich oder gelblich und stets längs der Naht zu einem breiten Suturalstreifen kondensirt, während dieselbe bei der neuen Art vollkommen gleichmässig über die Flügeldecken verteilt ist, ohne Spur einer lokalen Verdichtung.

Bei Wien in Gesellschaft einer ähnlich gefärbten Form des habituell wenig abweichenden *Agr. aurichalceus* und wohl aus diesem Grunde bisher übersehen. Ferner kennen wir Stücke aus Kalocza und Slavonien (an beiden Fundorten ebenfalls mit dunklen *aurichalceus* gemengt) und je ein Individuum aus Serbien, Cumani (Morea) und Noworossisk (coll. v. Heyden).

7. *Piezocnemus carinthiacus* nob. n. sp., ♂: *Oblongoovatus, niger, pedibus, antennarum scapo articulisque primis funiculi rufescentibus, supra squamis rotundis, magnis, laete viridi-splendidis vestitus; capite plano, rostro fronteque breviter setulosis, oculis prominulis, rostro capite breviore, scapo marginem posteriorem oculorum haud superante, articulo primo funiculi brevi, incrassato, secundo paulo breviore, externis latitudine vix longioribus; pronoto subcylindrico, antice subtiliter transversim impresso, lateribus paulo rotundatis et parce setulosis; elytris retrorsum subdilatatis, lateribus pone humeros subsinuatis, apice valde acuminatis, (mucronibus deflexis), subtiliter punctato-striatis, interstitiis planis; primis adominis segmentis squamis rotundatis, ceteris pilis squamiformibus vestitis; femoribus dilute rosaceosquamosis, tibiis ut in P. paradoxo (♀) dilatatis. Long.*: 5—5 1/2 *mm*

Patria: *Carinthia*.

Piezocnemus carinthiacus nob. steht dem *P. paradoxus* Strl. sehr nahe und scheint bisher mit demselben verwechselt worden zu sein. Der wesentlichste Unterschied liegt in der Beschuppung der Flügeldecken, die bei der neuen Art viel weniger verdichtet ist, insbesondere sind die einzelnen Schüppchen viel grösser und weniger aneinander gedrängt, mehr isolirt, ein Unterschied, der bei Vergleichung reiner Stücke unter der Lupe ohne Schwierigkeit erkennbar ist. Ferner sind die Streifen der Flügeldecken kräftiger, schärfer punktirt, die Schultern in Folge der geringeren Halsschildbreite mehr vortretend, die Spitzen der Flügeldecken stärker herabgebogen, die Schenkel dicht mit breiten Schuppen bedeckt, bei *paradoxus* einfach behaart.

♀ von uns am 10. August 1888 auf der Matschacher Alm in den Karawanken von Nadelholz geklopft.

♀♀ (Karawanken, A. Otto) in Reitters Sammlung.

8. *Barypithes armiger* nob. n. sp.: *Oblongus, rufobrunneus, antennis pedibusque pallidioribus; capite brevi, fronte sat fortiter punctata, medio fossulata, oculis convexis, rostro capite angustiore, curvato, latitudine paulo longiore, parallelo, longitudinaliter subsulcato, scrobibus deflexis, scapo paulum curvato, articulo funiculi primo secundo vix longiore, perspicue in-*

crassato, tertio globoso; prothorace longitudine aequilato, lateribus sat fortiter rotundato, in medio latissimo, in disco remote, ad latera densius grosse punctato; elytris ellipticis, fortiter punctato-striatis et breviter suberecte pilosellis; femoribus dentatis, tibiis anterioribus in ♂ fortiter, mediis minus curvatis. Long.: 3— 3 ¹/₂ mm.
Patria: Transsylvania.

Nur mit *Barypithes Chevrolati* Boh., der ebenfalls gezähnte Schenkel und im ♂ Geschlecht gegen die Spitze stark einwärts gekrümmte Vordertibien besitzt, verwandt, jedoch durch die viel kürzere, fast anliegende Behaarung der Flügeldecken leicht zu unterscheiden.

Von Herrn Deubel im Rosenauergebirge entdeckt.

9. *Rhinomias pyrorhinus* nob. n. sp, ♂: *Subelongatus, brunneus vel brunneo-piceus, antennis pedibusque dilutioribus, rostro rufo; capite brevi et lato, subtiliter ruguloso, oculis convexis, fronte plana, rostro brevi, superne gibboso, a capite interrupto, latitudine paulo longiore et fronte aequilato, antennis sat validis, scapo curvato, articulo funiculi primo brevi, claviformi, secundo fere duplo longiore, clava crassa; prothorace longitudine paulo latiore, lateribus aequaliter sat fortiter rotundato, dense rugoso, ante scutellum leviter impresso; elytris prothorace paulo latioribus, capite thoraceque simul sumptis 1¹/₂ longioribus, lateribus paulo rotundatis, parce subtilissime squamulatis, profunde crenato-striatis, interstitiis fere cariniformibus, setulis albidis, teneris, erectis subseriatim instructis; pedibus brevibus, fortibus, coxis anterioribus simplicibus. Long.: 2¹/₄—2¹/₂ mm.*
Patria: Transsylvania.

Mit dem einfärbig blass gelbbraunen *Rhinomias biharicus* Rttr. (W. Zt., XIII., 1894, 314) verwandt, doch ausser der Färbung durch gestrecktere, mehr parallelseitige Gestalt, viel gedrängter punktirte Streifen der Flügeldecken und stark gewölbte Augen von dieser Art leicht zu unterscheiden. Die uns zum Vergleich vorliegenden ♂ ♂ des *biharicus* (Biharer Comitat, Dr. Fleischer) sind ausserdem viel kleiner, kaum 2 mm messend, während nur die ♀ ♀ die Grösse von 2.5 mm erreichen, es dürften daher auch die ♀ ♀ des *pyrorhinus*, die sich wahrscheinlich den ♂ ♂ gegenüber analog durch beträchtliche Corpulenz auszeichnen, voraussichtlich dieses Maass übertreffen. Der mit *biharicus* nahe verwandte, ebenfalls blass gefärbte *Rhinomias Peneckei* Rttr. (l. c.) besitzt kürzeren, vom Kopf kaum abgesetzten, zwischen den Fühlerwurzeln schmäleren Rüssel und plumpere Fühler, die Flügeldecken sind, ♂♂ mit ♂♂ verglichen, kürzer, kaum länger als der Vorderkörper. Auch von *Peneckei*, von dem uns zahlreiches Grazer Material znr Verfügung steht, kennen wir nur gegenüber *pyrorhinus* verhältnismässig sehr kleine, ebenfalls kaum 2 mm messende ♂♂.

Hermannstadt (Ormay), als *Platytarsus transsylvanicus* Seidltz. erhalten. Bei letzterer Art ist indes der *Rhinomias*-Charakter sehr schwach ausgeprägt, andererseits spricht der Habitus und die Art der Bekleidung so sehr für die Einreihung derselben in die Gattung *Brachysomus*, dass wir in Übereinstimmung mit Professor Seidlitz eine Änderung der bisherigen Anordnung nicht als Fortschritt betrachten möchten.

10. *Anthonomus rosarum* nob. n. sp.: *Breviter-ovatus, convexus, plumbeus, tibiis, tarsis, scapoque antennarum rufobrunneis, pubescentia albida, appressa, maculatim vittatimque condensata obtectus; capite parvo, oculis planis, rostro latitudine frontis et dimidio ceteri corporis aequilongo, subtiliter tricarinato, antennis in triente apicali insertis, funiculo scapi longitudine, articulo primo incrassato, secundo sesquilongiore, clava anguste fusiformi; prothorace longitudine latiore, basi apiceque recte truncato, paulo ante basin latissimo, antrorsum fortiter angustato, confertim coriaceo, angulis posticis obtusis vel rotundatis, vittis lateralibus duabus densius pubescentibus, mediana obsoleta vel nulla; scutello quasi disciformi, densissime albotomentoso; elytris valde convexis, latitudine dimidio longioribus, macula intrahumerali, fasciisque duabus transversalibus suturam versus convergentibus (altera in medio, altera in quadrante apicali) densius albo-pubescentibus ornatis, striis crebro fortiterque punctatis, interstitiis paulo convexis, subcoriaceis; parte inferiore densius, episternis meso- et metathoracis densissime albo-tomentosis; pedibus tenuibus, femoribus denticulo acuto munitis, tibiis anticis ante apicem leviter incurvatis, unguiculis dentatis.*

var. inornatus: pubescentia uniformi vel subuniformi, sed in basi elytrorum ad maculam intrahumeralem condensata, scutello et episternis meso- et metathoracis ut in forma typica dense albo-tomentosis. Long.: $2^3/_4 - 3^1/_4$ mm. (rostr excl.)

Patria: Italia superior Venetiae provinciae.

Von allen uns bekannten, mit Tomentbinden gezierten Gattungsvertretern durch die bleigraue Farbe und ausschliesslich weisse Pubescenz auffällig verschieden. Sowohl habituell, als auch den sonstigen Merkmalen nach, ist *A. rosarum* mit dem stets gleichmässig dünn graubehaarten, ebenfalls an den Klauen gezähnten *A. rubi* Hbst. am nächsten verwandt, bei der Stammform ist indes das Grundtoment auf Halsschild und Flügeldecken zu den oben näher beschriebenen Binden und Flecken verdichtet. Die Varietät sieht in typischen Fällen dem *rubi* bei flüchtiger Betrachtung täuschend ähnlich, doch gestattet die viel dichtere, bei *rubi* viel sparsamere Behaarung, das breitere, nach vorn stärker verengte Halsschild und die namentlich gegen die Seiten flacheren Zwischenräume der Flügeldecken in allen Fällen die sichere Unterscheidung.

Bei Solagna im Val Sugana anfangs Juni 1897 von wilden Rosenbüschen abgeklopft.

11. Dichotrachelus variegatus nob. n. sp.: *Nigropiceus, antennis tarsisque rufescentibus, squamulis rotundatis, nigris, cinereis fulvisque maculatim vestitus, margine antico, cristis lateralibus sulci mediani, lateribusque prothoracis et interstitiis imparibus elytrorum setis spathuliformibus, longis, erectis, vel nigris vel pallidis instructis, interstitiis paribus, marginibus lateralibus rostri fronteque inter oculos eodem modo sed brevius setosis; rostro latitudine basali duplo dimidioque longiore, ut in fronte flavo-ferrugineo-squamoso, vix sulcato, antennarum scapo brevi, crasso, articulo funiculi secundo primo in ♂ triplo, in ♀ fere duplo breviore, tertio subaequali, externis globosis; prothorace latitudine paulo longiore, medio canaliculato, ante apicem leviter constricto; elytris oblongo-ovatis, convexis, antice emarginatis, basi margine postico prothoracis vix latioribus, punctis striarum remotis profundisque, sed plerumque squamulis occultatis, interstitiis imparibus costiformibus, quinto antice angulum humeralem plus minusve acutum formante, pedibus mediocribus, femoribus tibiisque pallide brunneo-setosis, tarsorum articulo 3° dilatato, bilobo.* Long.: $4^3/_4 - 5^1/_4$ mm (rostr. incl.)

Patria: *Aprutium Italiae centralis.*

In die II. Stierlin'sche Gruppe (Revision der *Dichotrachelus*-Arten, Schw. Z. V., p 392 u. 545), welche die gewölbteren Arten mit verbreitertem dritten Tarsenglied umfasst, einzureihen und von den uns bekannten Spezies am nächsten mit *D. Rudeni* verwandt, von dieser vorherrschend düster gefärbten Art schon durch das überwiegend helle, meist grau und gelblichbraun gescheckte Schuppenkleid mit nur sporadisch eingestreuten, schwarzen Fleckchen unterschieden. Die Flügeldecken sind gestreckter, der Länge und Quere nach mehr gewölbt, gegen die Spitze weniger steil abfallend und nicht wie bei *Rudeni* nach vorn eingezogen, die Börstchen auf den Decken länger und weniger geneigt, mehr radial abstehend, was dem Tier ein mehr struppiges Aussehen verleiht. Das Längenverhältnis der beiden ersten Geisselglieder ist beim ♂ ein ähnliches, wie bei *Stierlini* Grdl., während sich *variegatus* und *Rudeni* ♀ in dieser Beziehung wenig unterscheiden. Von *Stierlini* unterscheidet sich die neue Art durch die ausgerandete Deckenbasis mit wie bei *Rudeni* scharf vortretender Schulterecke, ferner durch schmäleres Halsschild, seitlich mehr gerundete, gewölbtere Flügeldecken, etwas schlankeren Rüssel, vorherrschend helle Beschuppung und längere, mehr abstehende Beborstung.

Von Herrn Prof. Fiori im Juli 1896 auf dem Gran Sasso in den Abruzzen entdeckt, ein Pärchen uns freundlichst überlassen.

12. Attelabus chalybaeus nob. n. sp.: *Brevis fortiter convexus, nitidus, metallico-cyaneus; capite elongato, oculis convexis, rostro fronte tricarinata aequilato et antice confertim punctato, inter antennarum radices tubere longitudinaliter sulcato instructo, antennis brevibus, articulis funiculi exterioribus oblongis, clava anguste fusiformi, basin versus non interrupte attenuata in funiculum sensim transeunte; prothorace maximo, subtransverso, valde convexo, lateribus fortiter rotundato, parce punctulato, ante basin poneque apicem subtiliter regulariterque transversostrigoso; scutello apice subtruncato; elytris subquadratis, prothorace paulo latioribus, apice singulatim rotundatis, pone scutellum impressione communi minus expressa, subtiliter striatis, striis confertim, interstitiis planis irregulariter remoteque punctatis; pedibus fortibus, femoribus incrassatis tibiis intus crenulatis.*

♂: *articulis funiculi duobus primis leviter incrassatis, prothorace lateribus et margine posteriore fortiter rotundato, elytris basi late emarginatis, tibiis anticis longioribus, tenuibus, apicem versus paulo inflexis, spina unica apicali curvata munitis.*

♀: *articulis funiculi omnibus simplicibus, prothorace medio subtiliter sulcato, margine postico subrecto, elytris basi submarginatis, pedibus validioribus, tibiis anticis multo brevioribus, rectis, spinis duabus apicalibus curvatis instructis.* Long.: $5^{1}/_{2}-6^{1}/_{2}$ mm.

Patria: Transcaucasia, in montibus talychensibus.

Mit *Attelabus cyaneus* Boh. verwandt, von derselben Form und Färbung, doch etwas grösser. Die Fühler sind beträchtlich schlanker, die ersten Geisselglieder beim ♂ nur ganz unbedeutend verdickt, die äusseren länglich, die Keule langgestreckt und nur sehr undeutlich von der Geissel abgesetzt. Das Haisschild ist viel grösser und breiter, die Flügeldecken kürzer und gewölbter, die Streifung deutlicher, die Zwischenräume einfach, ziemlich unregelmässig punktirt. Die Vordertibien sind beim ♂ dünner, etwas länger, gegen die Spitze nicht verbreitert und leicht einwärts gekrümmt. Bei den von uns verglichenen ostsibirischen Stücken von *A. cyaneus* sind die Zwischenräume der Flügeldecken ziemlich dicht gerunzelt, die Streifung wenig ausgeprägt.

Talysch-Gebirge, auf blühendem Crataegus (Korb, 97).

13. Attelabus balcanicus nob. n. sp., ♀: *Ex affinitate Attelabi nitentis Scop., sed minor, scutello abdomineque rufo, antennis totis nigris, vertice polito, oculis minus convexis, fronte late sulcata, sulco utrinque acute carinato et usque ad insertionem antennarum prolongato; gibba inter antennarum radices inconspicua; prothorace subtilissime punctato, interstitiis elytrorum impunctatis; tibiis anticis inflexis, apice spinis duabus curvatis munitis. Long.: $3^{3}/_{4}$ mm.*
Patria: In Haemo monte.
Specimen unicum in collectione professoris D^{ris} Seidlitz nobis notum est.

14. Acmaeops brachyptera nob. n. sp.: *Robusta, nigro-picea, tomento viridi-cinereo vestita, prothorace et parte inferiore hirsuta, supra confertim punctata; capite lato, antennis fortibus, prothorace breviusculo, pone apicem constricto, longitudinaliter sulcato et ante basin transversim impresso, dense, partim ruguloso punctato; elytris latis, subdeplanatis, retrorsum paulo angustatis, apice truncatis. Long.: 8—11 mm.*
Patria: Turkestan.

Mit *Acmaeops smaragdula* F. zunächst verwandt, durch die robuste Gestalt, die namentlich bei den ♂♂ viel kürzeren und breiteren, nach rückwärts schwächer verengten Flügeldecken und die graugrüne (bei frischen *smaragdula* mehr oder weniger lebhaft gelbgrüne) Pubescenz leicht zu unterscheiden. Die Punktur ist auf der ganzen Oberseite viel dichter gedrängt, stellenweise rugulos, insbesondere auf dem Thoraxdiskus, der bei *smaragdula* beiderseits der meist glänzend glatten Medianlängsfurche nur einige unregelmässige Gruppen scharf eingestochener, getrennter Punkte zeigt. Die Thoraxoberfläche ist bei *brachyptera* der Länge nach weniger gewölbt, die Mittelfurche breiter und besonders nach vorn stärker vertieft. Das bei *smaragdula* glatt anliegende Grundtoment ist bei letzterer Art mehr rauh, die Härchen etwas aufgerichtet, auch dichter, die langabstehende Pubescenz auf dem Halsschild spärlicher, an der Basis der Flügeldecken fehlt sie fast vollständig. Die Beine und namentlich die Fühler kräftiger.

Zur Beschreibung bezw. Vergleichung lag uns eine grössere Anzahl von Stücken der neuen Art, aus Musart am Nordfuss des Tian-Schan stammend und durch Herrn Hauptmann Hauser mitgeteilt, vor, ferner reichliches Material von *Acm. smaragdula* aus Nordeuropa und Sibirien.

15. Leptura inermis nob. n. sp.: Subgeneris *Strangaliae* auct.

♂: *Gracilis, attenuata, lutea, exceptis corporis partibus signaturam nigram formantibus his: clypeo, fronte, macula minuta ad marginem anteriorem oculorum, vertice, antennis praeter basin articulorum quarti sequentiumque, palpis maxillaribus partim, collo (gutta parva lutea picto in cervice), pronoto (macula antescutellari minuta eodem colore notato), scutello, maculis fasciisque nonnullis in elytris, episternis et lateribus metathoracis, maculis lateralibus segmentorum ventralium primorum (1º—3º), femorum apice, tibiis tarsisque posterioribus; pedibus anterioribus mediisque praeter femora brunneis; toto corpore appressim flavo-piloso; capite confertim ruguloso-punctato, antennis filiformibus, apicem elytrorum fere attingentibus; prothorace elongato, subconico, opaco, subtiliter asperato-punctato, angulis posticis acute productis, spiniformibus, divergentibus, tuberculo laterali obtuso ante medium munito, antice leviter constricto, postice transversim impresso, medio longitudinaliter obsolete sulcato; elytris angustis, latitudine maxima triplo longioribus, dense punctatis, apice singulatim oblique truncatis (angulis apicalibus acutis), ut supra diximus luteis, limbo basali tenui, sutura, fasciis duabus transversalibus (antemediana intus abbreviata, altera postmediana communi), inter eas macula majore juxtamarginali et apice nigris; segmento anali simplici, truncato; pedibus gracillimis, tibiis posticis rectis, intus in quinquente apicali subtiliter tuberculatis, apice bispinosis. Long.: 11 mm.*

♀: *Major, robustior, aurantiaca, signatura nigra ad maculam occipitalem parvam, fasciam transversam collarem utrinque angulatim antrorsum productam, prothoracis marginem apicalem maculamque discoidalem irregulariter cordiformem reducta, fasciis maculisque elytrorum ut in* ♂ *(sed margine basali*

tenuissimo nigro-limbato), antennis, scutello, parte inferiore pedibusque lutois, tantum femoribus posterioribus apice infuscatis, tibiis posticis simplicibus, apice bispinosis Long : 12 ¹/₂ mm.
Patria: Transcaucasia, in regione maris caspii.

Eine besonders im ♀ Geschlecht eigentümlich gezeichnete, auffallende Art mit seitlich schwach gehöckertem Halsschild und typisch fadenförmigen Fühlern, eine Verwandte der *Strangalia armata* Hrbst. mit analoger Anordnung der Bindenzeichnung auf den auch in den schwarzen Flecken goldgelb behaarten Flügeldecken. In einer rudimentären, gekörnelten, etwa im Apicalfünftel gelegenen Auftreibung an der Innenseite der ♂ Hintertibien lässt sich eine dem starken, subapicalen Schienenzahn des *maculata*-Männchens entsprechende, die Verwandtschaft der beiden Arten bestätigende Anlage erkennen. Obwohl bei der bekannten Veränderlichkeit der Zeichnung bei *maculata* darauf bezüglichen Unterschieden keine wesentliche Bedeutung beizulegen ist, so dürfte doch eine so weitgehende Reduktion der schwarzen Grundfarbe auf Kopf und Halsschild, wie sie in der Diagnose beschrieben ist, bisher kaum beobachtet worden sein. Auch ist uns über das Auftreten einer gelben Stirn-, Nacken- und Antescutellarmakel, wie sie *inermis* ♂ besitzt, bei *maculata* nie etwas bekannt geworden. Da indessen diese Flecken wenig auffallen und vielleicht auch verloren gehen, so könnte *inermis* ♂ bei flüchtiger Betrachtung mit kleinen *maculata* ♂ verwechselt werden, die Vergleichung der Hinterbeine gibt uns jedoch in allen sonst zweifelhaften Fällen sicheren Aufschluss. Dieselben sind bei *maculata* ♂ sehr kräftig, die Schenkel verdickt, die Tibien am Innenrande mit zwei kräftigen Zähnen bewaffnet, der Raum zwischen denselben unregelmässig denticulirt. *Str. inermis* besitzt dünne, schlanke Beine, die Tibien ungezähnt, vor der Spitze, wie bereits erwähnt, kaum merklich schwach gehöckert. Bezüglich der Unterscheidung der ♀♀ ist zu berücksichtigen, dass das einzige uns vorliegende Stück vielleicht die seltene, auffallende Varietät einer der *maculata* ähnlich gefärbten Stammform darstellt. Zur Identifizirung solcher Stücke können Unterschiede in der Gestalt und Skulptur der Flügeldecken benützt werden Dieselben sind bei *inermis* nach rückwärts schwächer verengt, gedrängter und feiner punktirt, auch ist die gelbe Behaarung dichter, so dass die schwarzen Flecken von der hellen Grundfarbe sich weniger scharf abheben.

Ein ♂♀ dieser schönen Art, aus dem Talysch-Gebirge (Korb, 1897) stammend, in unserer Sammlung.

16. Leptura cardinalis nob. n. sp.: *Elongata, nigra, elytrorum dimidio basali sanguineo, tibiis anterioribus mediisque partim rufo-testaceis; capite dense punctato, vertice tenue sulcato, antennis longissimis, apicem elytrorum fere (♂) vel trientem apicalem paene (♀) attingentibus, ab articulo 5° evidenter serratis; prothorace latitudine longiore, convexo, antice constricto, lateribus leviter rotundato, ante medium latissimo et gibboso-ampliato, ante basin transversim profunde impresso, in disco impressionem versus fortiter declivi, longitudinaliter sulcato, in sulci fundo polito, confertim grosse punctato, breviter denseque, lateribus longius parceque pubescente; elytris elongatis, latitudine magis quam duplo longioribus, retrorsum gradatim attenuatis, apice subemarginatis, angulo exteriore recto, suturali obtusiusculo, confertim subtiliusque punctatis, in parte sanguinea flavo-, in parte apicali atra appressim nigro pilosis, antice pubescentia longiore nulla; corpore subtus confertissime punctato, griseo-pubescente; segmento anali in ♂ simpliciter truncato, in ♀ leviter emarginato et longitudinaliter subsulcato; pedibus gracillimis, tarsis posticis in ♂ tibiarum longitudine, tantum tertii articuli planta penicillata, tibiis posticis in utroque sexu apice bispinosis.* Long.: $15^1/_2 - 18$ mm.

Patria: Bucharia orientalis, prov. Kulaeb.

Der syrischen *Leptura tripartita* Heyden sehr nahestehend, aber durch gestrecktere Körperform, feinere Punktur der Flügeldecken und anders gestaltetes Halsschild unterschieden. Bei *tripartita* ist dasselbe mehr kugelig, gleichmässig gewölbt, die grösste Breite befindet sich in der Mitte, bei *cardinalis* vor der Mitte an Stelle einer seitlichen, höckerigen Auftreibung. In der Färbung stimmen beide Arten im Allgemeinen überein, nur ist bei ersterer auch die Spitze der Mittel- und Hintertibien hell gefärbt. Sehr charakteristisch für *Leptura cardinalis* (♂) sind die sehr langen, die Flügeldeckenspitze fast erreichenden Fühler, und die sehr schlanken Beine. Ob die Heyden'sche Art in dieser Beziehung mit der hier beschriebenen übereinstimmt, lässt sich vorläufig nicht feststellen, da wir von derselben nur das einzige Originalstück, ein ♀, kennen, die äusseren Fühlerglieder sind bei demselben merklich kürzer als bei *cardinalis* ♀.

Ein ♂ ♀ aus Kuläb (Turkestan) in unserer Sammlung.

17. Pogonochaerus anatolicus nob. n. sp., ♀: *Brunneopiceus, variegatim albido-cinereo-fusco-ochraceo-tomentosus, toto corpore parcissime, tibiis densius longiusque setosus; fronte sub-*

tilissime carinata et pube ochracea obtecta, antennis longitudinem corporis superantibus, fuscis, ab articulo tertio basi albido-annulatis, intus dense ciliatis; prothorace latitudine basis vix longiore, indistincte rugoso-punctato, lateribus acute spinoso, in disco tuberculis tribus calvis et transversim dispositis instructo; (scutellum in specimine nostro denudatum es); elytris latitudine duplo longioribus, longitudinaliter tricarinatis, apice truncatis, (angulo externo dentatim producto), pone basin evidenter gibbosis, fortiter, antice sat dense, retrorsum gradatim magis disperse, in triente apicali haud punctatis, macula maxima postice semicirculata, dimidium basale, epipleuris exceptis, occupante et in parte posteriore maculis nonnullis parvis albidis signatis, in cetera parte parce cinereo-vel fusco-cinereo-tomentosis, (tomento pilis paucis ochraceis intermixto), costa dorsali interiore penicillis 4—5 nigro-velutinis inserta ornatis; segmento anali ante apicem semicirculariter impresso. Long.: $9^{1}/_{4}$ mm.
Patria: Pamphylia Asiae minoris.

Der Färbung nach dem *P. Perroudi* Muls. ähnlich, seinen sonstigen Merkmalen nach indes nur mit *P. Caroli* Muls. zu vergleichen. Die durch das Auftreten weisser Bekleidungselemente lebhafter gefärbte, mehr scheckige, anatolische Art unterscheidet sich von letzterer durch die kräftigere Punktur der Flügeldecken, die indes schon kurz hinter der Mitte verschwindet, während sie bei *Caroli* in der Regel erst unmittelbar vor der Spitze erlischt, aber stets bis zum hinteren Sammtbüschel deutlich erkennbar ist. Die fast die ganze vordere Hälfte der Flügeldecken einnehmende, weisse Tomentmakel ist nach rückwärts und gegen die Epipleuren, auf die sie nicht übergreift, scharf begrenzt, die Härchen feiner, dichter verfilzt und die Sculptur vollständiger verhüllend, während die blass gelblichbraune Antemedianmakel der Mulsant'schen Art mit dem dunkelbraunen Grund viel weniger scharf contrastirt und die Punktur deutlicher erkennen lässt. Bei *anatolicus* sind ferner die auf der inneren Dorsalrippe inserirten Sammtbüschel einfach pinselartig, mit kreisförmiger Basis, bei *Caroli* in die Länge gezogen. Von *P. Perroudi*, der nach einem $8^{3}/_{4}$ mm messenden Stück unserer Sammlung (Amasia, Korb 92) auch in Kleinasien vorkommt, ist *anatolicus* durch die kurze, spärliche, abstehende Behaarung der Flügeldecken, den kräftigen Basalhöcker derselben, auf die Epipleuren nicht übergreifende Dorsalmakel, spitz ausgezogenen äusseren Apicalwinkel und einfache, nicht quergestellte Sammtbüschel leicht zu unterscheiden.

Ein ♀ aus Adalia (Korb, 10. 5. 86) in unserer Sammlung.

18. Dorcadion seguntianum nob. n. sp., ♂: *Elongatum, nigrum, antennis pedibusque rufo-brunneis, supra brunneo-tomentosum, signatura vel albida vel ochracea maximam partem vittatim disposita ornatum, subtus cinereo-pubescens, linea mediana capitis prothoracisque, in hoc callis lateralibus duobus oblongis, in elytris vitta intramarginali saepeque dorsali et margine suturali tenuissimo calvis; fronte et vertice dense albido-, inter antennas laete ochraceo-tomentosis, linea mediana nitida evidenter sulcata divisis; prothorace basis latitudine aequilongo, lateraliter acute spinoso, lateribus albo-tomentoso, spatiis inter vittam medianam politam, haud vel vix sulcatam et calla longitudinaliter bivittatis (vitta interiore alba, altera exteriore ochracea), punctis magnis denudatis singulis in tomento dispersis; scutello albopubescente, linea mediana glabra dimidiato; elytris angustis, subcylindricis, costa dorsali conspicua (ut vitta calva intramarginalis fortiter punctata), plerumque denudata et pone medium evanescente instructis et fasciis 4 albis signatis: suturali et marginali integris, humerali completa et dorsali abbreviata omnino partimve in maculis dissolutis.*

♀: *Magis ampliatum, prothorace latiore, etiam vitta humerali dorsalique integris, hac retrorsum magis prolongata.* Long.: $11^1/_2 - 14$ mm.

Patria: Hispania centralis.

Die durch lebhafte Farbencontraste ziemlich auffallende Art ist besonders durch die Neigung der hellen Bindenzeichnung zur Auflösung in eine unregelmässige Fleckenreihe, sowie das Auftreten einer kahlen Intramarginal- und wenigstens angedeuteten äusseren Rückenbinde sehr ausgezeichnet. Ähnlich wie bei dem flacheren *D. Graellsi* Grlls. zieht sich eine nur stärker erhabene Längsrippe, die etwas innerhalb der Schulter beginnt, bis über die Mitte. Im Gegensatz zu dieser Art ist Kopf und Halsschild in viel grösserer Ausdehnung dicht tomentirt, da die schmälere Mittellinie und besonders die viel weniger ausgedehnten Seitenschwielen mehr Raum für die Bekleidung übrig lassen Diese ist sehr dicht, auf dem Halsschild zwischen den kahlen Stellen und auf der Stirne lebhaft ockerfarbig oder rostgelb, der übrige Teil des Kopfes, sowie eine schmale Randung der glänzend glatten Mittellinie des Thorax und der Raum ausserhalb der Seitenschwielen weisslich. Das Grundtoment der Flügeldecken ist heller oder dunkler kaffeebraun, die scharf abgehobenen weissen Binden der ♂ ♂ teils unregelmässig begrenzt, teils in eine Reihe von Fleckchen aufgelöst, wodurch der Gesammteindruck von dem der übrigen spanischen *Dorcadien* mit ihren scharf begrenzten, hellen

Binden wesentlich abweicht. Von *D. Uhagoni* Perez und *Martinezi* Perez unterscheidet sich *seguntianum*, abgesehen von der Zeichnung, durch die bei diesen beiden Arten ganz fehlenden oder nur angedeuteten Seitenschwielen des Halsschildes. Bei *D. alternatum* Chevr. ist die kahle Halsschildmittelbinde tief gefurcht und die Marginalbinde der Flügeldecken sehr schmal, ausserdem fehlt bei dieser Art die Rückenrippe.

Signenza*) in Castilien (Korb, 17. 3. 87).

19. Malosia iranica nob. n. sp., ♂ : *Valida, deplanata, nigro-picea, antennarum articulo 3° et 4° (apice inflato excepto), quinto sextoque parte basali ferrugineis, capite, thorace, scutello, parte inferiore pedibusque dense pallide flavido-pubescentibus, pubescentia capitis et thoracis partim magis condensata et appressa, partim longius erecta, elytris rufo-brunneo-tomentosis, albo-vitatis; capite crasso, antennis fortibus, quadrantem apicalem elytrorum paulo superantibus, parce setulosis, articulo 3°—8° basi annulatim albido-pubescentibus; prothorace longitudine latiore, lateraliter gibboso-dilatato, postice transverso-impresso, ante impressionem numero punctorum denudatorum minus conspicuorum notato; elytris retrorsum gradatim angustatis, longitudine prothoracis $4^1/_2$ longioribus, basi truncatis, antice rudissime rugosis, apice singulatim rotundatis, indistincte punctato-striatis, interstitiis imparibus elevatioribus et calvis, fascia laterali lata, completa, integra, fasciis duabus dorsalibus (in interstitio 4° et 6° sitis), postice dilatatis, antice abbreviatis, partim in maculis dissolutis et ramo brevi, postice a fascia dorsali interiore derivato ornatis; abdomine sericeo-pubescente, segmento anali triangulatim profunde impresso.* Long.: 24 mm.

Patria: Persia.

Nach Gestalt, Färbung und Zeichnung den mit *Mallosia Scovitzi* Fald. verwandten Arten anzuschliessen und unter diesen der *M Herminae* Rttr. mit ebenfalls seitlich stark höckerig erweitertem Halsschild und anliegender Behaarung des Abdomens am nächsten stehend, von sämmtlichen aber durch rotbraunes Grundtoment der Flügeldecken, breite, bis zur Spitze reichende, weisse Lateralbinde derselben und an der Basis dünn weiss pubescent geringelte mittlere Fühlerglieder scharf unterschieden.**)

---

*) Das alte *Seguntium*.

**) Dieselben Merkmale trennen unsere persische Art auch von der kürzlich publizirten *M. caucasica* Pic (Ann. 1898, Bull. p. 168), vorausgesetzt, dass die Beschreibung derselben vollständig ist.

Mallosia Heydeni Gglbr., von der uns 1 ♂ (Coll. v. Heyden: Malatia, Stgr. 85) vorliegt, besitzt ebenfalls hell geringelte Fühlerglieder und rotbraun tomentirte Flügeldecken mit weisser Seitenrandbinde, die geringe Grösse der mesopotamischen Art (11 $^1/_2$ mm), ihre kurze, gedrungene Gestalt und einige wesentliche Färbungs- und Behaarungsunterschiede schliessen indes die Möglichkeit einer Verwechslung der beiden Tiere vollständig aus. Bei *M. Heydeni* ist das Halsschild wie die Flügeldecken rotbraun behaart, mit einer hellen Mittel- und je einer weniger scharfen, gelblichen Seitenlängsbinde. Innerhalb der Schulter beginnt ein breiter, kreideweisser Streifen, der in gerader Richtung gegen die Spitze verläuft und durch Verschmelzung zweier schmaler, bei *iranica* durch eine kahle Rippe getrennter Rückenbinden entstanden zu sein scheint. Die ganze Oberseite ist rauh abstehend behaart, ebenso Unterseite und Beine, bei *iranica* zeigen die Flügeldecken nur dünne, ziemlich stark geneigte, nur im Basalteile mehr abstehende Pubescenz, die Behaarung der Unterseite, insbesondere des Abdomens, ist wie bereits bemerkt grösstenteils angedrückt, nur auf der Brust etwas länger und mehr aufgerichtet.

Ein ♂ dieser gut charakterisirten Art, aus Schahrud in Persien stammend, in unserer Sammlung.

20. ***Lachnaea pseudobarathraea*** nob. n. sp.: *Cylindrica, metallico-cyanea, leviter viridi-micans, elytris, maculis nonnullis nigris exceptis, et gutta parva postoculari aurantiacis, antennarum articulo secundo tertioque rubido vel rufo-piceo, toto corpore, elytris antennisque exceptis albido-villoso; capite crasso, fronte dense irregulariterque longitudinaliter rugosa, vertice parce punctato, antennarum articulo 3° et 4° conspicue trigono, prothorace transverso, antrorsum magis angustato, lateraliter posticeque confertim, in disco parcius punctato; elytris latitudine duplo vix longioribus, irregulariter punctatis, in ♂ opacis, in ♀ nitidis, trimaculatis: macula prima basali magna, alteris postmedianis transversim dispositis et saepe confluentibus, maculis omnibus margines elytrorum nullo modo attingentibus.*
Long.: 6 $^1/_2$ — 8 mm.

Patria: Hispania meridionalis, in regione montana Baeticae provinciae

Gehört in die unmittelbare Nähe der *L. tristigma* Lac. und ist mit keiner andern Art verwandt, weshalb wir uns auf die Angabe der Unterschiede von *tristigma* beschränken können: Körperform schlanker und mehr walzenförmig; die bei *tristigma* meist sehr deutliche hell rotgelbe Färbung des 2. und 3. Fühlergliedes ist bei der neuen Art wenig auffallend, besonders beim ♀ mehr bräunlich oder pechbraun, die Fühler dann scheinbar einfärbig. Bei *tristigma* ist Glied 5 nicht dreieckig geformt, wie Glied 4, sondern wie die folgenden mehr lappenförmig, abgerundeter; bei *pseudobarathraea**) ist Glied 4 und 5 gleichartig gebildet und wie z. B. auch 6 deutlich dreieckig. Das Halsschild ist fast stets stärker punktirt, die Färbung desselben (bei *tristigma* lebhaft grün metallisch) ein mattes dunkles Blau, meist ohne grünliche Beimischung. Die Flügeldecken besitzen dieselbe rotgelbe, beim ♂ matte, beim ♀ glänzende Farbe wie bei *tristigma.* Die 3 für diese und die andern gezeichneten Arten dieser Gattung charakteristischen Flecken haben indes eine Umwandlung in grosse schwarze Makeln erfahren, wodurch der Habitus dieser Art ein für dieses Genus fremdartiger geworden ist und mehr an denjenigen gewisser *Clythra*-Arten erinnert. Diese Umwandlung ist augenscheinlich nicht in der Weise vor sich gegangen, dass sich die Flecken der *tristigma* gleichmässig verbreiterten, sondern die Ausdehnung hat bei der Schultermakel nur in der Richtung gegen die Naht und nach rückwärts, bei den hinteren Querflecken nur nach vorn und seitwärts, nicht gegen die Spitze stattgefunden. die Punktur der Flügeldecken ist im allgemeinen beim ♂ schwächer, weitläufiger, beim ♀ ebenso kräftig als bei *tristigma*, doch variirt diese bezüglich der Punktirung je nach der Provenienz nicht unbeträchtlich, so dass sich die normal ganz deutlichen Unterschiede verwischen. Der rote Fleck am Hinterrand der Augen, den auch *tristigma* besitzt, ist bei *pseudobarathraea* sehr deutlich. Bezüglich der Behaarung, Tarsenbildung etc. stimmen beide Arten mit einander überein. Der Forceps ist kräftig, die Spitze nach unten gekrümmt, die Klappe dreiteilig, der mittlere nach oben gebogene Teil aber nicht wie bei *tristigma* bandförmig, sondern, an der Spitze beiderseits auffallend erweitert, T förmig.

Wenn wir als Stammform diejenigen Stücke mit der geringsten Verbreiterung der Flecken betrachten, so wären folgende Abänderungen erwähnenswert:
    var. a: ♂♀, die Makeln hinter der Mitte fliessen zusammen,
          eine mehr oder weniger breite Querbinde bildend,
    var. b: die Verbreiterung der hintern Makeln findet nicht
          nur seitlich, sondern auch nach vorn statt,

---

*) Ein von Oberthür stammendes ♀ der v. Heyden'schen Sammlung trägt den Vermerk „*Barathraea* (n. sp.?)" von Weises Hand, gewiss ein Beweis für die täuschende Ähnlichkeit der Art mit den Vertretern dieser Gattung.

var. c : Schultermakel und die postmediane Querbinde sind durch einen mehr oder weniger verbreiterten Längsstreifen verbunden.

In der alpinen Region der Sierra Nevada (Picacho de Plateria 95, Korb) auf *Helianthemum*.

VIII.
Kleinere Mitteilungen.

1. **Über geographische Verbreitung der Coleopteren:**
Born*) glaubt die im *Catalogus Coleopt. Europ. et Cauc.* *(Ed. IV.)* für *Cychrus cylindricollis* Pini gemachte Fundortsangabe „Bergamasker Alpen" insofern einschränken zu müssen, als diese Art nach seiner Erfahrung nur auf dem Monte Grigna (Moncodine) aufgefunden wurde. Nach eigenen Beobachtungen können wir indes constatiren, dass *Cychrus cylindricollis* eine weitere Verbreitung besitzt. Wir sammelten denselben, vom Monte Grigna abgesehen, noch in den Veltliner Alpen (Pizzo dei tre Signori, 23. 7. 93) und in den lessinischen Alpen (Cima Posta, 23. 6. 94), also östlich der Etsch. Die genaue Fundstelle für letzteres interessante Vorkommen liegt noch auf tiroler Seite, es würde demnach *Cychrus cylindricollis* dem deutschen Faunenbezirk Schilsky'scher Auffassung angehören.

Das von uns bei einer früheren Gelegenheit mitgeteilte Vorkommen von *Thanythrix edura* Dej. im Val Piora (Col. Stud. I. p 63) beruht auf einem Irrtum. Die Tiere stammten vom Monte Boglia in der Lombardei (Strasser).

Der bis jetzt nur in wenigen Stücken vereinzelt aufgefundene *Geotrupes (Thorectes) Hoppei* Hgb. wurde von uns in einem Exemplar bei Le Olle im Val Sugana gesammelt.

Ceutorhynchus niveus Desbr. und *Coelogaster caviventris* Schultze, zwei algerische Arten wurden auch bei Algeciras (Korb, 95) aufgefunden.

Brachyodontus fallax Otto siebten wir in einem Exemplar auf dem Piano della Fugazza im Vallarsa bei Rovereto (22. 6. 94).

2. *Poecilus Argodi* Carret (Ann. de Fr. 1888, Bull. p. 32), aus Tokat beschrieben, dürfte mit *P. Korbi* Tschitscherin (Hor.

---

*) Societas entomologica XII. No. 13.

Soc. Ent. Ross. 27 p. 482) identisch sein. Wir besitzen typische Stücke des letzteren aus Amasia (Korb, 92). Beide Autoren vergleichen ihre Arten mit *Koyi* und erwähnen als wesentlichsten Unterschied die breitere, seitliche Verflachung des Halsschilds. Die geringe Entfernung der Originalfundstellen erhöht die Wahrscheinlichkeit der oben ausgesprochenen Vermutung.

3. In seinen „Notes synonymiques" (Revue d'Entomologie 1895 p. 92) erklärt Fauvel „*Nebria microcephala* Daniel = *angustata* Dej. — D'après un type des Alpes-Maritimes". Dies könnte vielleicht richtig sein, wenn *angustata* Dej. = *angustata* Fauvel wäre. Bereits vor acht Jahren (D. Z. 1890 p. 135) sprachen wir unsere Zweifel hierüber aus. Ein Jahr später (Col. Stud. I. p. 53) constatirten wir, dass *N. angustata* Dej. = *Chevrieri* Heer. Heute sind wir in der Lage, mit Sicherheit feststellen zu können, dass *N. microcephala* nob. = *angustata* Fauvel nec Dejean, so dass also unsere Art durch die Fauvel'sche „Rectification" in ihrer spezifischen Selbständigkeit weiter nicht bedroht ist. Fauvels *angustata* stammt aus Faillefen in den Basses-Alpes. Anfangs August dieses Jahres explorirten wir die in der Nähe dieses Gehöftes gelegenen Montagnes de la Blanche und fanden dort typische *N. microcephala*. Wie Fauvel dazu kam, eine aus Faillefen stammende, als *angustata* bezeichnete *Nebria* der De la Brûlerie'schen Sammlung als typisch zu betrachten und aus dieser unvorsichtigen Voraussetzung weitere Schlüsse zu ziehen, ist uns auch heute noch nicht klar. Entomologen von Ruf wie Fauvel sollten solche Fragen correcter behandeln und dadurch jenem unheilstiftenden Dilettantismus zu begegnen helfen, der besonders mit Hilfe sogenannter „typischer Exemplare" kritiklos an der gangbaren Nomenklatur nörgelt, ohne meist selbst im Stande zu sein, Positives zu schaffen. Wer Erklärungen wie die erwähnte Fauvel'sche abgeben zu müssen glaubt, darf den meist umständlichen und mühevollen Weg, sich beide Typen zu verschaffen, nicht scheuen und auch dann die gewissenhafte Vergleichung der Originalbeschreibungen nicht unterlassen. Widersprüche zwischen Typen und Beschreibung sind ausführlich zu erwähnen. Erst dann, wenn alle diese Bedingungen erfüllt sind, kann eine Erklärung, wie die vorliegende, Anspruch auf Beachtung erheben.

4. Ein in den höheren Regionen der Seealpen und des ligurischen Apennins auf *Rubus* lebender, vorherrschend in kleineren Individuen auftretender *Piezocnemus* zeichnet sich von allen Ver-

tretern der Untergattung durch dichtere und längere Beborstung des Kopfes und Halsschildes aus, auf welch' letzterem sich dieselbe auch über den Diskus verbreitet, während sie sonst nur an den Seiten bemerkbar ist. Von *Piezocnemus paradoxus* Strl. unterscheidet sich derselbe noch scharf durch metallisch grüne Beschuppung der Schenkel und meist auch der Tibien. Die Richtigkeit der in der letzten Ausgabe des *Catalogus Col. Eur. et Cauc.* etc. (*Ed. IV.*) vertretenen Auffassung „*P. pedemontanus* Chevr. = *paradoxus* Strl.*" voraussetzend, glaubten wir ursprünglich in dem erwähnten Tier eine neue Art (*maritimus* nob. i. litt.) aufgefunden zu haben, doch überzeugten wir uns später durch Vergleichung der Chevrolat'schen Beschreibung (Harolds Coleopt. Hefte V., 72), dass die erwähnte Zusammenziehung auf einem Irrtum beruht*) und dass *pedemontanus* thatsächlich spezifisch von *paradoxus* zu trennen ist. Chevrolat erwähnt ausdrücklich die auch bei unseren Stücken stets vorhandene glänzend grüne Beschuppung der Schenkel.

Die *Polydrosus*-Untergattung *Piezocnemus* Chevr. umfasst in ihrer gegenwärtigen Umgrenzung zwei ganz verschiedene Arten-Typen: Die ächten *Piezocnemus* (*type paradoxus*) mit der bekannten, besonders im ♂ Geschlecht sehr auffallenden, abnormen Tibien- und Tarsenbildung und die im Gegensatz zu diesen durch kaum plattgedrückte Schienen gekennzeichneten Arten (*amoenus* Germ.**) und *Abeillei* Desbr.). Als weitere Unterscheidungsmerkmale für diese beiden Artengruppen erwähnen wir noch folgende: Bei ersteren ist Stirn, Rüssel und Halsschild, dieses wenigstens an den Seiten, mehr oder weniger dicht aufstehend beborstet, die Fühlerfurchen vereinigen sich auf der Unterseite des Rüssels, die Schuppen der Flügeldecken sind kreisrund, das erste Tarsenglied ist in der Wurzelhälfte schmal und erweitert sich plötzlich, so dass der verbreitete, oben höckerig aufgetriebene Teil gewissermassen gestielt erscheint, das zweite Tarsenglied ist schmäler als das erste und nicht dreieckig (die Spitzenwinkel abgerundet). Bei den beiden anderen Arten ist Kopf und Halsschild vollständig unbeborstet, die Fühlerfurchen vereinigen sich nicht auf der Unterseite des Rüssels, die Schuppen der Flügeldecken sind nicht rund, sondern nach vorn scharf zugespitzt, das erste Tarsenglied ist von der Basis zur Spitze gleichmässig erweitert und auf der Oberseite nicht buckelig gewölbt, das zweite nicht oder kaum

---

*) Desgleichen die Patria-Angabe „*Hungaria*"!
**) Von *P. Hopfgarteni* Strl. kennen wir nur ein Exemplar der Reitter'schen Sammlung (Szörenyi-Alpe in Siebenbürgen), das wir von unseren *amoenus* nicht zu unterscheiden vermögen.

schmäler als das erste, dreieckig (mit scharfen Spitzenwinkeln). Auf Grund dieser präzisen Unterscheidungsmerkmale schlagen wir vor, *amoenus* und *Abeillei*, die bisher als fremdartige Elemente in der sonst homogenen Untergattung eingereiht waren, als Vertreter eines neuen Subgenus (*Chlorodrosus* nob.) aus dem bisherigen Verbande auszuscheiden.

Vier spanische *Chlorodrosus* unserer Sammlung (Cuenca 96, Korb) unterscheiden sich von *amoenus* durch blassgelbe Schienen und variable Schuppenfärbung. Zwei Exemplare sind grün, eines messingglänzend, das vierte blass kupferrötlich (*var. castilianus* nob.).

Polydrosus chaerodrysius Gredl. ist ein *Piezocnemus* (*ex typo!*): ♀, gedrungen gebaut, undicht, graugrün beschuppt, Stirn und Halsschildseiten beborstet, Kopf breit, Rüssel sehr kurz, breiter als lang, die Entfernung der Insertionsstelle der Fühler vom Vorderrand der Augen ist kleiner als deren Längsdurchmesser, bei *paradoxus* grösser. Die Schenkel sind nur behaart.

5. *Barypithes Heydeni* Tourn., Stierl. ist nach einem Stück der v. Heyden'schen Sammlung (Pegli, Villa Doria 1869, Genua) ein echter *Omias* aus der Verwandtschaft des *concinnus* Boh. und von diesem durch viel längere, dichtere, fast villose Behaarung der Flügeldecken leicht zu unterscheiden. Zwei mit dem v. Heyden'schen Exemplar übereinstimmende Stücke (Genua 5. 91, Flach) in unserer Sammlung.

6. *Dichotrachelus vulpinus* Gredler gehört zu den Arten mit schmalem, nicht lappig erweitertem dritten Tarsenglied (*ex typis!*) und ist dadurch von *D. Stierlini* Grdl., als dessen Varietät er bisher betrachtet wurde, spezifisch verschieden. *Dichotr. Peneckei* (W. ent. Ztg. 1894, 19) scheint nach den in der Beschreibung gemachten Angaben mit *vulpinus* identisch zu sein.*)

7. *Leptura distincta* Tourn. Die von uns bei einer früheren Gelegenheit (Col. Stud. I p. 61) ausgesprochene Vermutung, dass *L. distincta* Tourn. = *L. dubia* Scop. ♂ var., hat durch die inzwischen vorgenommene Vergleichung des Originalexemplars (Coll. Pic.) ihre Bestätigung gefunden. Die in Reitters Bearbeitung der mit *L. dubia* verwandten Arten (W. ent. Ztg. 1898, 192) beschriebene *var. triangulifera* (♂, Caucasus, Croatien) ver-

---

*) Inzwischen (W. ent. Ztg. 1898, 253) vom Autor selbst constatirt.

bindet als interessante Übergangsform *var. distincta* mit der einfärbig schwarzen Rasse.

8. Von *Leptura sicula* Gglbr., die nach einem einzelnen ♀ der Wiener Musealsammlung beschrieben ist, liegt uns nun auch ein ♂ (coll. Flach: Sicilia, Ragusa) vor. Es besitzt an den Hintertibien zwei Apicaldornen und einfach gerundetes, weder gefurchtes, noch ausgerandetes Analsegment. Trotz dieser wesentlichen Vervollständigung der Ganglbauer'schen Diagnose ist es uns nicht möglich, die näheren verwandtschaftlichen Beziehungen dieser interessanten Art klar zu legen. Abgesehen von dem gänzlich abweichenden Bau des Halsschildes sprechen auch die dünnen, schlanken Beine und fast fadenförmigen, nicht gesägten Fühler gegen den Anschluss an die *fulva-pallens*-Gruppe. *Leptura sicula (type)* besitzt einfarbig gelbbraune Flügeldecken, bei dem vorliegenden ♂ tragen sie eine pechbraune, längs des Seitenrandes bis gegen die Mitte vorgezogene, nicht scharf begrenzte, sondern allmählich in die Grundfarbe übergehende Apicalmakel. Wir vermuten, dass auch reine Nigrinos vorkommen.

9. *Brachyta clathrata varp. edemontana nob.* Am 25. und 30. Juni 1893 sammelten wir im oberen Stura-Thal in den grajischen Alpen eine interessante Form unserer *Brachyta clathrata*, bei der die schwarze Zeichnung der Flügeldecken in den extremsten Fällen nur auf eine vom Seitenrand gegen die Naht ziehende, diese aber nicht erreichende, mediane Querbinde und einen schmalen Längsfleck am Seitenrand hinter der Schulter reducirt ist. Gleichzeitig geht auch die unregelmässig narbige Sculptur verloren. Alle ♂ ♂ haben schwarze Beine und Fühler, was um so auffallender ist, als solche sonst nur bei den überhaupt zum Melanismus neigenden Formen auftreten. Das einzige ♀ hat die Schenkel in der Basalhälfte rötlich und die Fühler zum Teil hell gefleckt. Die von uns in den übrigen Teilen der piemontesischen Alpen gesammelten Stücke von *clathrata* sind meist normal gefärbt mit roten Beinen, nur am Monte Rosa (Val Quarazza) fanden wir die einfärbig schwarze Varietät.

10. *Purpuricenus ferrugineus* Fairm. *var.* mit roter Grundfarbe der Flügeldecken, von dem uns Stücke aus der Sierra Segura (Molinico, Korb 94) vorliegen, ist nach den gebräuchlichen analytischen Werken von *P. budensis* Göze nur durch das seitlich

stärker gerundete Halsschild mit schwach entwickelten Seitendornen zu trennen. Nach unserm spanischen Material der letzten Art (Cuenca 96, Korb) unterscheidet sich *budensis* von ähnlich gefärbten Stücken des *ferrugineus* (*var. hispanicus nob.*) noch durch viel dichter und feiner runzlig punktirte, vollständig matte Flügeldecken. Bei *ferrugineus* sind dieselben deutlich schwach glänzend, ihre Sculptur weitmaschiger, weniger dicht, die grossen, flachen, runzlig in einanderfliessenden Punkte reichen viel weiter rückwärts. *P. budensis* besitzt ausserdem viel schlankere Beine.

11. *Saperda maculosa* Fald., nach Ganglbauer's Ansicht auf ein teilweise abgeriebenes Stück der *Saperda scalaris* L. gegründet, wurde von Korb im Talyschgebirg auf Eschen gesammelt. Nach dem vorliegenden Material ist die Faldermann'sche Art leicht von *scalaris* spezifisch zu trennen. Sie ist beträchtlich schlanker, weniger flachgedrückt, die Flügeldecken sind in beiden Geschlechtern von der Schulter zur Spitze gleichmässig ziemlich stark verengt, die ganze Oberseite, mit Ausnahme des Thoraxdiskus, dünn weisslichgrau, seidenartig schimmernd tomentirt. Die ähnlich wie bei *scalaris* angelegte, nur weniger regelmässige und besonders beim ♂ mehr reducirte Binden- und Fleckenzeichnung zeigt eine blass-grünlichgelbe Nuance, die auch bei ganz frischen Stücken mit dem Grundtoment wenig constrastirt. Die abstehende Behaarung der Flügeldecken ist weniger dicht und im Apicalviertel sehr schwach oder erloschen. Die Fühler überragen beim ♂ die Flügeldecken um $1/4$—$1/5$ ihrer Länge, die des ♀ erreichen die Spitze wie bei *scalaris* ♂.

12. In dem eben zur Ausgabe gelangten 2. Heft der deutschen entomologischen Zeitschrift beschreibt Reitter einen *Otiorhynchus grandifrons* (D. Z. 1898, p. 352) als mit *rugifrons* Gyll. verwandt, von Sikora in den Seealpen gesammelt. Die zur Unterscheidung der beiden Arten angegebenen Merkmale sind, soweit wesentlich, dieselben, welche auch zur Unterscheidung des ebenfalls in den Seealpen vorkommenden *O. moestus* Gyll. von *rugifrons* Geltung haben. Ein vor einiger Zeit von Staudinger als *O. grandifrons* Rttr. erhaltenes Exemplar mit der Provenienz-Angabe „Seealpen" war in der That ein ächter *moestus*.